# A RESPONSABILIDADE PENAL DA PESSOA JURÍDICA E O DANO AMBIENTAL

A aplicação do modelo construtivista de autorresponsabilidade à Lei 9.605/98

G633r   Gómez-Jara Díez, Carlos.
    A responsabilidade penal da pessoa jurídica e o dano ambiental: a aplicação do modelo construtuvista de autor-responsabilidade à Lei 9.605/98 / Carlos Gómez-Jara Díez; tradução Cristina Reindolff da Motta. – Porto Alegre: Livraria do Advogado Editora, 2013.
    84 p.; 14 cm.
    ISBN 978-85-7348-828-9

    1. Direito ambiental - Disposições penais - Brasil. 2. Crime contra o meio ambiente - Brasil. 3. Empresas - Responsabilidade ambiental. 4. Brasil. Lei n. 9.605, de 12 de fevereiro de 1998. I. Título.

CDU 349.6:343.2
CDD 345.8104

Índice para catálogo sistemático:
1. Direito penal no direito ambiental   349.6:343.2

(Bibliotecária responsável: Sabrina Leal Araujo – CRB 10/1507)

Carlos Gómez-Jara Díez

# A RESPONSABILIDADE PENAL DA PESSOA JURÍDICA E O DANO AMBIENTAL

A aplicação do modelo construtivista de autorresponsabilidade à Lei 9.605/98

Tradução
Cristina Reindolff da Motta

*livraria*
DO ADVOGADO
*editora*

Porto Alegre, 2013

© Carlos Gómez-Jara Díez, 2013

*Capa, projeto gráfico e diagramação*
Livraria do Advogado Editora

*Tradução*
Cristina Reindolff da Motta

*Revisão*
Rosane Marques Borba

*Direitos desta edição reservados por*
**Livraria do Advogado Editora Ltda.**
Rua Riachuelo, 1338
90010-273 Porto Alegre RS
Fone/fax: 0800-51-7522
editora@livrariadoadvogado.com.br
www.doadvogado.com.br

Impresso no Brasil / Printed in Brazil

# Sumário

Apresentação...........................................................................................7

**Capítulo I – O MODELO CONSTRUTIVISTA DE AUTORRESPONSABILIDADE PENAL EMPRESARIAL**..................................................21

1. Introdução.........................................................................................21
2. Fundamentos teóricos do modelo construtivista de autorresponsabilidade penal empresarial........................................23
   - 2.1. A epistemologia operativo-construtivista: a teoria dos sistemas sociais autopoiéticos..............................................................23
   - 2.2. A cidadania empresarial: O cidadão corporativo fiel ao Direito........26
3. Elementos do modelo construtivista de autorreponsabilidade penal e empresarial...........................................................................28
   - 3.1. Introdução................................................................................28
   - 3.2. A competência empresarial....................................................29
   - 3.3. A imputabilidade empresarial................................................32
   - 3.4. A culpabilidade empresarial..................................................35
   - 3.5. A função da pena empresarial...............................................39
4. Conveniência científico-dogmática do modelo construtivista de autorresponsabilidade penal empresarial......................................42
   - 4.1. Introdução................................................................................42
   - 4.2. Responsabilidade pelo fato empresarial..............................42
   - 4.3. Injusto empresarial e culpabilidade empresarial................44
   - 4.4. Dolo empresarial....................................................................45
   - 4.5. Autoria e participação empresarial......................................48
   - 4.6. Resumo....................................................................................49
5. Conveniência político-criminal do modelo construtivista de autorresponsabilidade penal empresarial......................................51
   - 5.1. Introdução................................................................................51
   - 5.2. Superação do problema da irresponsabilidade organizada/estrutural................................................................51

5.3. Introdução de causas de exclusão da culpabilidade empresarial......53
5.4. Tratamento das sociedades virtuais e do levantamento do sigilo.....54
5.5. Formação de um catálogo amplo de sanções............................57
5.6. Resumo...............................................................59
6. Conclusão..............................................................60

**Capítulo II – UMA RESPOSTA ÀS CRÍTICAS APRESENTADAS AO MODELO CONSTRUTIVISTA DE AUTORRESPONSABILIDADE PENAL EMPRESARIAL**......................................................61

1. Introdução.............................................................61
2. Uma teoria do delito empresarial.......................................62
3. Uma teoria da pena empresarial.........................................64
4. O modelo construtivista a debate.......................................67
    4.1. Realismo da pessoa física vs. ficção da pessoa jurídica?.........67
    4.2. Monismo da teoria de sistemas vs. pluralismo de outras teorias?..68
    4.3. Responsabilidade empresarial vs. responsabilidade coletiva.......69
    4.4. Culpabilidade empresarial "de verdade" vs. culpabilidade empresarial "a meias"..................................................71
    4.5. Cidadania empresarial vs. cidadania individual...................72
    4.6. Direito penal empresarial de autor vs. Direito penal empresarial do fato...............................................................74
    4.7. Um Direito Penal empresarial de duas vias vs. um Direito Penal individual de três vias...............................................76
5. O debate legislativo sobre a responsabilidade penal empresarial: na busca da eficácia e da justiça.......................................77
    5.1. Introdução.......................................................77
    5.2. A necessidade de um modelo de autorresponsabilidade penal empresarial...........................................................78
    5.3. A necessidade de estabelecer um duplo fundamento de responsabilidade penal empresarial....................................79
    5.4. A necessidade de distinguir entre autoria e participação empresarial..........................................................81
    5.5. A necessidade de distinguir entre dolo e imprudência empresarial..82
    5.6. A necessidade de causas de exclusão da culpabilidade empresarial..83

## Apresentação

1. A presente obra pretende proporcionar as bases teóricas para uma aplicação das disposições da lei penal brasileira de delitos ambientais (Lei 9.605, de 12 de fevereiro de 1998), que regula a responsabilidade penal da pessoa jurídica de maneira coerente com o direito penal. É bem verdade que seria aconselhável que muitas das questões aqui tratadas fossem objeto de uma regulação específica na legislação penal; mas a falta de dito texto positivo não pode ser justificativa suficiente para não aplicar as referidas disposições ou para aplicação objetiva-civilista própria dos modelos de responsabilidade penal de pessoas jurídicas próprias de princípios do século XX. Ainda que no Código Penal não haja uma definição do que seja a ação, o dolo ou a culpabilidade da pessoa física, tampouco têm que se exigir ditas definições no texto legal que regule a responsabilidade penal das pessoas jurídicas. Um erro muito comum nesta discussão é exigir mais da regulação das pessoas jurídicas do que das físicas.

2. Em geral, a lei brasileira tem os requisitos, possibilitando assim uma interpretação conforme os princípios básicos do direito penal e da realidade social das pessoas jurídicas. Com efeito, indica-se expressamente, por um lado, que existe responsabilidade penal das pessoas jurídicas e que esta não exclui a responsabilidade penal das pessoas físicas (artigo 3º); por outro, que se impõem penas isoladas, cumulativa ou alternativamente, às pessoas jurídicas, detalhando quais podem ser (arts. 21 e 22). Pois bem, a pergunta a que logo se chega é: quais os critérios de

imputação deve seguir o Judiciário para poder impor uma pena a uma pessoa jurídica? Nas seguintes páginas, está a resposta a esta pergunta, com argumentos para poder debater as clássicas críticas de incapacidade de ação, de dolo/imprudência, de culpabilidade, ou de pena. A decisão mais importante do legislador brasileiro foi afirmar que a RPPJ pode ser autônoma da responsabilidade penal da pessoa física. Ou seja, as pessoas jurídicas podem sofrer penas isoladamente (autonomamente), e sua responsabilidade penal não exclui a das pessoas físicas. Esta circunstância deve orientar toda a interpretação do sistema brasileiro de RPPJ. A razão é muito simples: no lugar de um sistema puro de responsabilidade pelo fato alheio – na RPPJ é dependente da responsabilidade penal da pessoa física –, no Brasil introduziu-se um sistema misto de responsabilidade pelo fato próprio – nele que, como diz a lei, a RPPJ é autônoma da responsabilidade da pessoa física. Resta conceitualmente impossível afirmar que a pessoa jurídica pode responder autonomamente – e sofrer penas isoladamente – e ao mesmo tempo sustentar que o sistema brasileiro é um sistema vicariante ou unitário puro de RPPJ. Certamente, a atuação da pessoa física terá importância para determinar se a pessoa jurídica responde penalmente; mas isso é uma coisa, e outra bem distinta é que a responsabilidade jurídica é unicamente da pessoa física.

Ao introduzir um sistema de responsabilidade autônoma da personalidade jurídica, o legislador brasileiro obriga que se estabeleçam categorias autônomas de responsabilidade para a pessoa jurídica. A questão é como compreender ditas categorias e como se pode imputar responsabilidade penal à pessoa jurídica. Uma solução tão fácil quanto equivocada seria afirmar que sempre que responda uma pessoa física, deve responder a pessoa jurídica; ou seja, estabelecer um tipo de responsabilidade objetiva da pessoa jurídica. A solução é equivocada, entre outros motivos, porque, *a contrario sensu*, se não responde uma pessoa física, tampouco responde uma pessoa jurídica – o que contradiz o teor da lei – e principalmente porque o Direito Penal brasileiro proíbe a responsabilidade penal objetiva – tanto de pessoas físicas quanto de pessoas jurídicas.

Os intérpretes do sistema RPPJ no Brasil devem esforçar-se para manter as categorias e garantias básicas penais quando tratem de pessoas tão especiais quanto as pessoas jurídicas. Assim como a teoria do delito para as pessoas físicas levou décadas para desenvolver-se até o grau de precisão que tem atualmente, também a teoria do delito e da pena para pessoas jurídicas terá que sofrer uma paulatina evolução. Mas se há algo que se pode constatar com facilidade ao observar a evolução da primeira, é que o Direito Penal – instrumento mais punitivo do Estado – deve utilizar-se com extremo cuidado, e não de forma precipitada. Além do mais, quando se trata de pessoas jurídicas, que constituem um fator decisivo da evolução social graças à geração de recursos que comportam a utilização do Direito Penal deve ser feita levando em consideração finalidades político-criminais concretas.

Assim, neste contexto, pode-se constatar como uma das vantagens mais importantes na introdução dos sistemas autônomos de RPPJ a promoção de uma cultura de cumprimento da lei por parte das pessoas jurídicas. Isto é, se as empresas podem evitar sofrer a imposição de uma pena mediante a institucionalização de uma verdadeira e efetiva cultura de fidelidade ao direito, então fomentar-se-á que adotem programas de cumprimento (*compliance programs*) que reduzam o risco de comissão de ilícitos penais. Se, ao invés disso, não se premia adequadamente a empresa cumpridora da lei, os comportamentos corporativos que tantos danos causam a sociedade continuarão acontecendo.

Basear a RPPJ na organização empresarial e na cultura empresarial não só é mais justo, mas também mais eficaz. É mais justo porque diferencia educadamente as pessoas jurídicas cumpridoras da legislação e os que não são – seria injusto considerar iguais os dois tipos de empresa, uma com um sistema de *compliance* efetivo, e outra que carece de qualquer *compliance*. E é mais eficaz porque ao permitir que as empresas evitem a responsabilidade penal mediante uma organização correta e uma cultura de cumprimento da lei, estas farão esforços significativos para programar sistemas de organização e cultura conforme as normas do Direito brasileiro.

Pelo que se pode observar na doutrina brasileira, existem alguns autores que afirmaram que nem todo o ato de uma pessoa jurídica é capaz de gerar responsabilidade penal para esta. Para tal, socorrem-se a critérios limitadores como que tipo de atuação da pessoa física gera responsabilidade para a pessoa jurídica – intenção de beneficiar a pessoa jurídica, implementação de uma política empresarial – e qual o grau de vinculação que deve haver entre a pessoa jurídica e a pessoa física – não devem gerar responsabilidade os atos de meros empregados e somente aquele que se pode considerar o *alter ego* da pessoa jurídica.

Em um sentido semelhante, Vladimir Passos de Freitas analisa os dois requisitos de representação legal e atos em nome da empresa, indicando que é "a lei, e não o ajuste dos sócios indique o representante da pessoa jurídica", e admitindo que "na maioria das vezes a ação ou omissão importará em lucro para a pessoa jurídica, seja através de economia de equipamentos, falta de contratação de empregados ou outras cautelas". Não obstante, far-se-ia a mesma análise se um representante legal de uma pessoa física realizasse um ato dentro de sua representação e para beneficiar a pessoa física? A resposta é provavelmente não. Ademais, perguntar-se-ia qual a ação ou omissão que realizou a pessoa física representada?

É que ditas propostas seguem dando muita ênfase na atuação concreta da pessoa física, de tal maneira que se não se pode verificar, não se pode impor nenhum tipo de sanção penal à pessoa jurídica. Com maior frequência, pode ocorrer que a atuação de uma pessoa física, ainda que dentro de sua competência e com a intenção de beneficiar a pessoa jurídica, na verdade não seja uma expressão da pessoa jurídica, desde que esta tenha uma organização e uma cultura adequada. Dito de outra maneira, quando o operador do direito brasileiro tiver que julgar um delito cometido potencialmente por uma pessoa jurídica, deverá fazer as mesmas perguntas que faz ante a pessoa física. Assim, quando existem duas pessoas físicas, uma superior a outra, o juiz não se limitará a perguntar só se a pessoa física atuou dentro de sua competência e com a intenção de beneficiar a pessoa física superior; perguntará o que fez ou no que de fato se omitiu a pessoa física superior. O mesmo deverá acontecer quando, no lugar de duas pessoas físicas, tivermos uma pessoa física e uma pessoa jurídica. Deve-se perguntar o que fez ou no que de fato se omitiu a pessoa jurídica, de tal maneira que o foco de atenção para a imputação de responsabilidade não é só a pessoa física, mas também, sobretudo, a jurídica. Esta alteração na forma de pensar não é fácil, mas é extremamente necessária se se pretende manter um sistema de responsabilidade penal coerente com os princípios básicos do Direito Penal.

 A jurisprudência brasileira, entretanto, não é abundante. Alguns autores consideram que esta carência de mais julgados se deve a "uma enorme quantidade de acordos vem sendo realizados em foros de todo o Brasil, sem que disso haja registros ou estatísticas". Esta circunstância seria parecida, por exemplo, com o que ocorre nos Estados Unidos aonde não existem muitas sentenças contra pessoas jurídicas, mas há um número grande de procedimentos penais contra as mesmas que acabam com algum tipo de acordo.

Não obstante, como afirmam Paulo Alfonso Brum Vaz e Rainer Souza Medina, "no âmbito dos Tribunais Regionais Federais o entendimento favorável à incriminação de entes coletivos é pacífico". De suma importância foi a Sentença no processo 2011.7204.002225-0, em que o Tribunal, depois de fazer uma compilação da melhor doutrina brasileira, chega à seguinte conclusão:

> Confirmada também à autoria, desde que a infração foi cometida por decisão do representante legal da empresa AJ BEZ BATI ENGENHARIA LTDA., o acusado (...). Sócio e único administrador da sociedade e no interesse da própria sociedade, que deve ser responsabilizada penalmente (...) Aplica-se ao presente caso uma responsabilidade penal nova, cujos contornos ainda não foram delineados perfeitamente mas que Pierangeli classificou de responsabilidade social, o que encontra perfeita ressonância com a realidade, desde que, via de regra, a infração ao meio ambiente vêm atingir os direitos difusos, latentes em prol de toda a sociedade.

O Tribunal Regional provavelmente chegou à conclusão correta, mas se baseou para fundamentar o injusto e a culpabilidade da própria pessoa jurídica. Limitou-se a constatar os pressupostos da lei, mas não os fundamentos da responsabilidade penal da pessoa jurídica. Deveria, em nossa opinião, ter feito as duas seguintes perguntas: qual era a organização da pessoa jurídica no momento dos fatos? Era uma organização correta sob a ótica dos parâmetros que se exigem das empresas que afetam o meio ambiente? (injusto da pessoa jurídica) Se a resposta fosse negativa, como parecia ser o caso, deveria ter feito uma segunda indagação: tinha a pessoa jurídica uma cultura empresarial de cumprir a lei ambiental? (culpabilidade da pessoa jurídica). Se a resposta voltasse a ser negativa, como parecia ser no caso examinado pelo Tribunal Federal, então se justificaria a imposição da pena.

Portanto e em resumo, quando o promotor neste caso tivesse que decidir se se imputaria um delito ambiental a uma pessoa jurídica, e um órgão judicial tivesse que decidi-lo se condenaria a pessoa jurídica ou não, deveriam ser feitas as seguintes perguntas:

PRESSUPOSTOS

1) Agiu a pessoa física como representante da pessoa jurídica?

2) Agiu a pessoa jurídica em benefício da pessoa jurídica?

FUNDAMENTOS

3) Tinha a pessoa jurídica uma organização adequada da Lei?

4) Tinha a pessoa jurídica uma cultura empresarial de cumprimento da lei ambiental?

Estas, a nosso ver, são as perguntas básicas. Ao longo, sem embargo, desta obra, analisar-se-á umas perguntas e respostas mais amplas que, sem dúvida, podem também ser utilizadas pelos diversos operadores do direito (juízes, promotores e advogados), para ir desenvolvendo uma jurisprudência e doutrina mais extensas que permitam embasar um sistema mais completo de RPPJ sobre a base das poucas disposições que contém a Lei Ambiental. Assim, convém resumir as perguntas e respostas analisadas nesta monografia:

Pergunta. Todas as pessoas jurídicas são imputáveis penalmente? (Capítulo I Infra § III.3)

Resposta: Não; somente aquelas que tenham desenvolvido uma complexidade interna suficiente. Assim como as pessoas físicas sem complexidade interna suficiente, não são imputáveis penalmente (as crianças), tampouco as pessoas jurídicas sem complexidade interna suficiente (sociedades de fachada), não são imputáveis penalmente.

Pergunta. Como se pode entender que uma pessoa jurídica tenha agido r si mesma? (Capítulo I Infra § III.2 e Infra § IV.2)

Resposta: As pessoas jurídicas complexas chegam a desenvolver uma capacidade de auto organização funcionalmente equivalente a capacidade de ação das pessoas físicas.

Pergunta. Em que consiste o injusto da pessoa jurídica? (Capítulo I Infra IV.3)

Resposta: Em ter se organizado defeituosamente gerando riscos (ambientais) superiores ao permitido. Para ele é determinante a estrutura e a organização dos programas de cumprimento *(complience programs)* em matéria ambiental das pessoas jurídicas.

Pergunta. Em que consistem os elementos subjetivos do delito cometido pela pessoa jurídica? (Capítulo I Infra § IV.4)

Resposta: Assim como o dolo e a imprudência na pessoa física se referem ao conhecimento individual do risco de que se produza um determinado resultado, o dolo e a impudência empresarial consistem no conhecimento organizacional do risco de que se produza um determinado resultado. Para ele são fundamentais a posição que a pessoa física ocupa dentro da hierarquia da pessoa jurídica e os procedimentos padrões de operação (*Standard Operating Procedures)* da pessoa jurídica.

Pergunta. O que é a culpabilidade de uma pessoa jurídica? (Capítulo I Infra § III.4)

Resposta: A culpabilidade da pessoa jurídica consiste em manter uma cultura empresarial de infidelidade ao Direito – de não cumprimento do ordenamento jurídico – o qual, no caso, questiona a vigência das normas do sistema jurídico brasileiro. É fundamental analisar a efetividade interna dos programas de cumprimento (*complience programs)* no âmbito da pessoa jurídica.

Quadro I. Esquema dogmático básico do modelo construtivista de autorresponsabilidade penal empresarial

| Modelo construtivista de auto responsabilidade penal empresarial | |
|---|---|
| Imputação objetiva | Organização empresarial defeituosa / inexistente |
| Imputação subjetiva | Conhecimento organizacional do risco empresarial |
| Imputação pessoal (culpabilidade) | Cultura empresarial de não cumprimento das normas. |

Pergunta – Qual a finalidade da pena para a pessoa jurídica?

Resposta: Assim como para a pessoa física, a pena, para a pessoa jurídica representa a confirmação da vigência das normas (identidade e valores de uma determinada sociedade) e a estimular uma auto regulação adequada (institucionalização de uma cultura empresarial de cumprimento/finalidade do direito).

Pergunta. Como se relacionam a responsabilidade penal individual e a responsabilidade penal empresarial? (Infra § IV.5)

Resposta: Não há relações de autoria e participação entre pessoa física e pessoa jurídica. Em geral, a pessoa jurídica proporcionará o contexto organizacional no qual a pessoa física realizará uma determinada ação e dependendo de quem realiza uma conduta mais significativa será considerado autor (maior relevância da conduta) ou partícipe (menor relevância na conduta).

Repetindo, de novo, sob o ponto de vista da prática, as perguntas que mais acima se formulou servem para fundamentar a responsabilidade penal da pessoa jurídica. Assim o julgador brasileiro deveria questionar:

1) Na época dos fatos, a pessoa Jurídica gozava de uma organização correta sob o ponto de vista dos padrões do meio ambiente?

a) Elementos probatório relevantes: mapas da organização do departamento ambiental, padrões da indústria, estrutura do sistema de *complience*.

2) No momento do fato, havia um conhecimento organizacional do risco ambiental (dolo) ou deveria haver existido dito conhecimento organizacional?

a) Elemento probatórios relevantes: Procedimento padrões de operação, comunicações internas, conhecimento da alta direção.

3) No momento dos fatos a pessoa jurídica tinha uma cultura, um histórico empresarial de cumprimento da legislação ambiental?

a) Elemento probatórios relevantes: normas de conduta ambiental da pessoa jurídica, acatamento ao longo do tempo, medidas sancionatórias e incentivadoras, reação frente a denuncias internas e externas.

3. O aplicador da legislação deve levar em conta que o fundamento da responsabilidade penal das pessoas jurídicas na sociedade moderna é diferente do que se tinha no início do século XX. Hoje em dia é fundamental ter em conta o fenômeno da autorregulação para elaborar os critérios de imputação coerentes com a nova realidade social e jurídica do Estado. Com efeito, na era do risco, os avanços técnicos estabeleceram um conflito fundamental entre sociedade, Estado e empresa.[1] Assim, o Estado, na era da incerteza, perdeu o monopólio tanto da proteção de bens jurídicos, como da distribuição de riscos e do planejamento estratégico, uma vez que simples e cheio, necessitava de informações suficientes para poder desenvolvê-los.[2] Isso se vê claramente na matéria ambiental na qual o Estado já não dispõe do conhecimento e de recursos para poder regular corretamente os novos riscos ambientais.

4. Existe uma íntima vinculação entre os investimentos em investigação e o *know-how técnico que se obtém, a consciência do risco ambiental que se gera e a distribuição da responsabilidade*. Quando o estado deixa de realizar os investimentos necessários para adquirir o conhecimento técnico adequado, sua posição no contexto geral da sociedade aparece debilitada. Justamente por isso, a produção sistêmica de riscos e sua evolução adequada na empresa faz com que seja necessário um *gerenciamento* de risco (*risk management*) empresarial a longo prazo através da precaução e da adaptação. Para que se possa levar ao cabo diligentemente este *risk management*, pressupõe-se um *know-how* técnico e uma correspondente predisposição por parte da empresa a fim de minimizar ao máximo os riscos inerentes a sua atividade. E ainda que tudo isso ocorra no âmbito da incerteza do risco (especialmente ambiental), o Esta-

---

[1] Heine, Technischer Fortschritt, p. 66. Na literatura administrativa espanhola foi Darnaculleta i Gardella, *Autorregulación*, p. 389 ss. Quem se sobressaiu em seus posicionamentos de maneira mais moderna.

[2] Vid. Ladeur, UPR 1993, p. 126; Heine, *Strafrechtliche Verantwortlichkeit*, p. 70 s.

do não pode regular adequadamente todas e cada uma das matérias. Definitivamente, no que tange a riscos modernos derivados da inovação, as administrações estatais não dispõem de suficiente conhecimento sobre segurança técnica e isso devido a que este conhecimento se produz em primeiro lugar através da experiência empresarial ao longo do tempo.[3]

5. Precisamente, esta carência de informação e de competência faz com que o Estado se distancie de assumir qualquer tipo de responsabilidade a respeito[4] e que estabeleçam novas relações de responsabilidade recíprocas entre sociedade, Estado e empresa. Desta maneira, existem fortes motivos para afirmar que este *deficit* de responsabilidade estatal deve ser assumido pelas empresas.[5] Em primeiro lugar, pelas grande empresas que desenvolvem novos produtos, meios de produção e tecnologias procedimentais adequadas; em segundo lugar, pelas que fazem as correspondentes pesquisas tecnológicas e procedimentais; e em terceiro lugar pelas que possuem seus próprios departamentos jurídicos e pesquisas de mercados. Assim, percebe-se que as grandes organizações empresariais têm

---

[3] HEINE, Technischer Fortschritt, pp. 67 ss., 70 ss.; ÍD., Plädoyer, p. 92 ss.

[4] HEINE, "Technischer Fortschritt im Spannungsverhältnis von Unternehmen, Gesellschaft und Staat – Neue Herausforderungen für das Recht", en: SCHULTE, Martin (ed.), *Technische Innovation und Recht. Antrieb oder Hemmnis*? Heidelberg: C.F. Müller, 1997, p, p. 66; ÍD., "Plädoyer für ein Verbandsstrafrecht als "zweite Spur"" en: ALWART, Heiner (ed.), *Verantwortung und Steuerung von Unternehmen in der Marktwirtschaft*. München, Mering: Rainer Hampp, 1998, p. 105. O Estado já não está em condições de levar a cabo uma administração a longo prazo dos riscos modernos já que como indicou, não investiu o suficiente.

[5] Assim, impõe-se trazer a colação a argumentação semelhante de ESTEVE PARDO, *Autorregulación*, 2002, p. 108, que assinala "a tendência das Administrações a não assumir responsabilidade de setores aos que não alcançam seus conhecimentos ou capacidades e, mais genericamente, sua tendência de desprender-se no possível de responsabilidade estão sem duvida, na base de um fenômeno relativamente novo em nosso ordenamento: o reconhecimento de sujeitos privados que exerçam funções públicas sob sua própria responsabilidade, adotando decisões definitivas que a Administração assume sem reservas".

desenvolvido uma vasta consciência do risco.⁶ Por isso a linha que se deve seguir no tocante à responsabilidade penal das pessoas jurídicas consiste, basicamente, na "estimulação" da autorresponsabilidade empresarial.⁷

6. Como se pode ver, no âmbito da produção de novos riscos sociais (como o risco ambiental) através da inovação técnica, o Legislador se vê necessariamente obrigado a aumentar, cada vez mais, a autorresponsabilidade da empresa e a limitar a atividade de controle estatal a uma forma de "controle dos controles internos da empresa".⁸ Daí se deriva uma característica básica do modelo proposto por este autor, qual seja que a afirmação de que o âmbito fundamental dele deve se desenvolver da responsabilidade penal empresarial se refere aos *grandes riscos da sociedade moderna vinculados a processos empresariais baseados na técnica*.⁹ É precisamente neste sentido que deve se atentar especialmente ao *Direito penal ambiental* e a responsabilidade pelo produto.

7. Desta forma, a responsabilidade penal da pessoa jurídica, baseada em sua (auto)organização deficiente é, em sua cultura empresarial de descumprimento do direito, um elemento necessário para uma proteção adequada do meio ambiente. A não aplicação ou a aplicação objetiva e automática da lei de crimes ambientais não contribuirá para uma correta autorregulação das pessoas jurídicas que produzem riscos ambientais e tampouco beneficiará aquelas pessoas jurídicas que tenham uma cultura adequada

---

⁶ Heine, Plädoyer, p. 101, 105.
⁷ Vid. Heine, "Modelos de responsabilidad jurídico-penal originaria de la empresa", en : Gómez-Jara Díez (ed.), *Modelos de autorresponsabilidad penal empresarial. Propuestas globales contemporáneas*, 2006, p. 58 ss. Também neste sentido acertadamente Bottke, *wistra* 1997, p. 249 "la atribución al colectivo de una competencia sobre los contactos [sociales] le estimula a una autorregulación conforme a la norma".
⁸ Heine, *Strafrechtliche Verantwortlichkeit*, p. 282 con referencias; Íd., Plädoyer, p. 93.
⁹ Heine, ÖJZ 1996, p. 218; Íd., *ZStrR* 119 (2001), p. 37.

de cumprimento da lei ambiental. Ao contrário, o modelo construtivista pretende fomentar uma autorregulação respeitosa da lei e de um sistema mais justo de assunção de responsabilidade penal.

8. Finalmente, devo manifestar meu agradecimento à Profa. Dra. Cristina Reindolff da Motta, tradutora desta obra pelo trabalho realizado, e a editora, por haver acolhido este projeto. Muito especialmente, os interessantes debates que aconteceram na seção do Tribunal Regional Federal da 4ª Região, que me incentivaram a publicar a presente obra em português, esperando que seja útil aos operadores do direito.

Em Porto Alegre, setembro de 2010.

*Carlos Gómez-Jara Díez*

# Capítulo I – O MODELO CONSTRUTIVISTA DE AUTORRESPONSABILIDADE PENAL EMPRESARIAL

## 1. Introdução

1. Além da opção político-criminal de sancionar penalmente as empresas ou não, o certo é que, uma vez tomada a decisão a favor, a seleção de um determinado modelo de responsabilidade penal empresarial não é tarefa fácil. Assim, e como se pode observar rapidamente com uma breve revisão das legislações penais nacionais que, na atualidade, contém regulações deste tipo, a variedade e o alcance dos pressupostos de imputação jurídico-penal neste âmbito podem variar substancialmente. Por isso, no momento de definir qual o modelo de responsabilidade penal empresarial deve introduzir-se em um determinado ordenamento, devem levar-se muito em consideração tanto os fins a que se perseguem com ele, como a compatibilidade que pode alcançar-se com os princípios fundamentais do direito penal moderno. É que, se não se procede desta maneira, corre-se o risco de introduzir-se uma regulação inadequada sob o ponto de vista político-criminal, ou estabelecer as bases de uma instituição inapropriada da perspectiva científico-penal.

2. Em razão da recente evolução em diferentes países, mostra-se de maneira especial a necessidade de refletir sobre si e sobre qual modelo de responsabilidade penal em-

presarial deveria introduzir-se nas diversas legislações. Em relação à primeira questão, dá a impressão de que, apesar de muitos ordenamentos terem rejeitado tradicionalmente a possibilidade de instaurar a responsabilidade penal empresarial, o certo é que se constata uma tendência paulatina de corroer o aforismo *societas delinquere non potest* cada vez mais. Um exemplo, é a Espanha, que traz a introdução do artigo 129 no Código Penal de 1995, e a duvidosa regulação do artigo 31.2 vigente a partir de 2004 agora conta com uma possibilidade autêntica de responsabilidade penal das pessoas jurídicas no artigo 31bis) e concordantes. Pode-se discutir – e de fato é feito com regularidade – em torno da natureza jurídica destas instituições; mas o que não deixa dúvida é que se produziu uma maior intervenção do Direito Penal em relação às pessoas jurídicas. No que diz respeito à segunda grande parte dos modelos que vêm se estabelecendo em nível internacional que até então se baseavam na atuação de determinadas pessoas físicas. Porém, as legislações mais modernas, como a italiana ou a chilena, que seguem, parcialmente, a legislação norte-americana, buscam modelos de responsabilidade penal das pessoas jurídicas com base nos critérios de autorregulação e de auto-organização.

3. Pois bem, nas páginas seguintes, será defendido justamente um determinado modelo de autorresponsabilidade penal empresarial. Ou seja, frente a muitos modelos de heterorresponsabilidade que foram propostos até o início deste trabalho. Neste trabalho, será proposto um modelo de autorresponsabilidade penal empresarial que, longe de basear-se em determinadas atuações de pessoas físicas, se fundamenta na essência da própria organização empresarial. Para isso, será feito, em primeiro lugar – Infra II –, uma exposição dos fundamentos teóricos em que se aprova o modelo aqui proposto que em consonância com a epistemologia aplicada – construtivismo operativo – será denominada modelo constructivista de autorres-

ponsabilidade penal empresarial. À continuação – Infra III –, será realizada uma análise de algumas categorias jurídico-penais que conformam este modelo dando especial ênfase às duas mais importantes para o Direito Penal: a culpabilidade e a pena. Posteriormente, serão abordadas em dois momentos distintos as questões estabelecidas no começo desta introdução: por um lado – Infra IV –, expondo por que o modelo aqui proposto passa a ser conveniente sob o ponto de vista político-criminal; por outro lado – Infra V –, explicando quais as vantagens, desde o ponto de vista científico jurídico que comporta o modelo construtivista frente a outras propostas contemporâneas. Com isso, pretende-se mostrar que é possível construir um modelo de responsabilidade penal empresarial que, sendo compatível com os postulados do Direito Penal moderno, responda às exigências político-criminais que estabelecem as organizações empresariais modernas.

## 2. Fundamentos teóricos do modelo construtivista de autorresponsabilidade penal empresarial

*2.1. A epistemologia operativo-construtivista: a teoria dos sistemas sociais autopoiéticos*

1. Resulta dificilmente questionável que a introdução das organizações empresariais no seio do Direito Penal leve a um atrito conceitual inicial de grande calibre. O motivo? Simplesmente, as categorias de Direito Penal – e em geral do pensamento jurídico penal – estão formadas por e para indivíduos. Por isto, não é de se estranhar que vários autores que, primeiro na Alemanha e posteriormente na Espanha, tenham defendido uma mudança de paradigma com a finalidade de superar este obstáculo conceitual inicial. Dos diferentes paradigmas filosófico-sociais que existem na atualidade, o modelo construtivista escolhe, como sua própria denominação indica, o do construtivismo

operativo, corrente epistemológica da Teoria dos Sistemas sociais autopoiéticos.

2. Esta teoria, que como bem é sabido, não conta com muitos adeptos no âmbito do Direito Penal tradicional, parece ter encontrado certo respaldo no direito penal empresarial, já que vários autores, explícita e implicitamente, remetem-se a ela ao fundamentar suas posições. Provavelmente, a diferença entre a maioria destes enfoques e o modelo construtivista é que neste se pretende incorporar, de forma coerente e completa, todas as consequências que esta teoria social possui, tanto epistemológicas como de aplicação a outros sistemas sociais. Portanto, e antes de passar a examinar com mais detalhe alguns elementos do modelo construtivista, devem indicar-se, brevemente, certos postulados básicos desta teoria, visto que passam a ser indispensáveis para poder, por um lado, superar certas críticas e, por outro, apreender o diferenciador deste enfoque.

3. A primeira questão a levar em conta é que, desde a perspectiva operativo-construtivista, são vários os sistemas que possuem uma especial autorreferencialidade; especificamente, uma capacidade de reproduzir-se autopoieticamente – ou seja, reproduzir-se a si mesmo a partir de seus próprios produtos (*poiesis* = produção). No que se refere à responsabilidade penal empresarial, esta qualidade pode observar-se tanto na organização empresarial como no ser humano, como inclusive também no Direito; em outras palavras, estes três sistemas – organização empresarial, ser humano e Direito – consideram-se sistemas autopoiéticos. Agora bem, o fato de que os três sejam sistemas autopoiéticos não significa que a *autopoiese* se desenvolva da mesma forma em cada um dos aspectos; efetivamente, trata-se de diferentes modos de reprodução autopoiética. Assim, o ser humano é um sistema psíquico que se reproduz sobre a base de decisões; e o Direito é um

sistema social funcional cuja reprodução vai junto com a comunicação jurídica.

4. Portanto, como segunda questão fundamental, deve levar-se em conta esta premissa teórica na hora de argumentar junto com a teoria dos sistemas sociais autopoiéticos. Assim, por um lado, em relação a certos modelos propostos na Alemanha, não pode empregar-se esta teoria para fundamentar a qualidade autopoiética do sistema organizativo – organização empresarial – sem assumir que também o sistema psíquico – ser humano – possui a mesma autorreferencialidade. Por outro lado, e referido a determinadas propostas espanholas, não pode defender-se por uma concepção autopoiética, autônoma da organização empresarial e, com posterioridade, propor um modelo fundamentado na ação de pessoas físicas. Em ambos os casos, estaria adoecendo-se de uma incongruência considerável.

5. A terceira questão básica que deriva do anterior reside em que, desde a perspectiva operativo-construtivista, não se pode afirmar uma maior autorreferencialidade da consciência – sistema psíquico – diante da comunicação – efetivamente, sistema organizativo –; expressando de outra forma, a *autopoiese* psíquica não possui uma maior autorreferencialidade que a *autopoiese* social: ambas possuem idêntica capacidade de reflexão. Este matiz se mostra determinante, em primeiro lugar, para poder superar as críticas que apelam a tipos específicos da consciência para descartar do Direito Penal para as empresas – isso porque, por motivos óbvios, estas carecem de consciência. Mas, em segundo lugar, mostra-se também decisivo para poder estabelecer um tipo de imputabilidade das pessoas jurídicas. Assim e sem prejuízo de um desenvolvimento posterior – Infra III. 3 –, os sistemas organizativos, assim como os sistemas psíquicos, precisam alcançar um determinado nível de complexidade interna para poder ser considerados destinatários das imputações jurídico-penais.

## 2.2. A cidadania empresarial:
O cidadão corporativo fiel ao Direito

1. Além da teoria dos sistemas sociais autopoiéticos – e sua correspondente epistemologia –, o modelo construtivista de autorresponsabilidade penal e empresarial tem também como base teórica um fenômeno social e jurídico de grande importância na sociedade moderna: a cidadania empresarial (*Corporate Citizenship*). Com efeito, a influência decisiva das pessoas jurídicas foi se desenvolvendo na configuração social, fazendo com que se gerasse, tácita ou expressamente, um determinado *status*, que, sem nenhuma dúvida, foi consolidado ao longo do século XX. Este *status* mostra importantes efeitos tanto na responsabilidade penal individual dos membros dos conselhos de administração – questão que não se pode analisar aqui – quanto na responsabilidade penal da própria empresa. Em concreto, a respeito dessa última questão, pode observar-se que, no que tange à cidadania empresarial, constata-se a gênese de um conceito que ostenta uma notável significação tanto teórica quanto prática: trata-se do conceito de cidadão corporativo fiel ao Direito que cujas vertentes (formal e material) se detalham a seguir.

2. No que se refere à corrente formal, o conceito de cidadão corporativo fiel ao direito está ligado àquela empresa que tem o dever de institucionalizar uma cultura empresarial de fidelidade do direito. Assim, este conceito tem seus referenciais teóricos, por um lado, a evolução experimentada pela concepção do bom cidadão corporativo (*Good Corporate Citizen / Good Citizen Corporation*) – que se define como aquela empresa que cumpre com o direito ou que é fiel ao direito (*abides with the law*) – no sistema norte-americano de responsabilidade penal empresarial e, por outro lado, segundo alguns posicionamentos doutrinários – cada vez mais numerosos – que de uma ou outra forma apelam para certas características da organização empre-

sarial – cultura empresarial, *ethos* empresarial, política empresarial, identidade corporativa etc. – quando definimos a culpabilidade empresarial. Quanto aos seus referenciais práticos, devem-se apontar em primeiro lugar, as diretrizes norte-americanas para impor sentenças a empresas – que vários autores adotam como modelo a seguir – e, em segundo lugar, outras legislações que incorporam elementos da cultura empresarial no momento de determinar a culpabilidade da empresa.

3. No que diz respeito à vertente material, o conceito de cidadão corporativo fiel ao direito está ligado àquela empresa que participa de assuntos públicos. Assim, resumidamente, essa corrente não dá tanta importância à fidelidade ao direito, mas sim à dimensão dessa cidadania. A mera formulação dessa dimensão substantiva do conceito de cidadão corporativo fiel ao direito se mostra um tanto controvertida, uma vez que tradicionalmente o conceito de cidadão se reserva exclusivamente à pessoa física. Contudo, existem no mínimo duas questões que merecem uma reflexão mais profunda sobre estes temas. A primeira é que o paulatino afiançamento das organizações empresariais como membros ativos da sociedade moderna implica um determinado *status* e consequentemente, os direitos e obrigações dos que são destinatários devem refletir este *status*. A segunda é que certos avanços recentes experimentados pela doutrina penal dão importância à legitimidade das sanções penais – ou seja: aquelas com maior potencial expressivo – sendo assim, o sujeito que recebe a sanção, participou da produção da vigência desta norma. Portanto, se o Direito Penal empresarial pretende ser funcionalmente equivalente ao Direito penal individual, adaptando-se à realidade social da sociedade moderna, não pode deixar de atender a esta importante questão. É claro que esta abordagem não pretende afirmar que a organização empresarial detém o mesmo *status* do cidadão individual, mas que na sociedade moderna tem

um mínimo de cidadania fundamental no momento de exigir a responsabilidade penal empresarial.

4. Agora, como a empresa participa de assuntos públicos? Ou dito de outra maneira, como participa da produção comum de sentido? O primeiro indício pode ser visto na crescente aceitação de funções públicas pela pessoa jurídica tal como a autorregulação que as sociedades empresariais têm sido adeptas à sociedade moderna. Este primeiro indício se consolida com o paulatino reconhecimento de direitos fundamentais que igualmente se percebe neste tipo de sociedade, sendo especialmente relevante para estes efeitos uma determinada interpretação da liberdade de expressão corporativa (*Corporate Free Speech*). E não é preciso muito para perceber que as organizações empresariais participam de forma cada vez mais ativa na definição de normas sociais e jurídicas. Portanto, a imposição de sanções penais a uma organização empresarial conforme uma lei penal se mostra legítima na medida em que participe da produção de sentido normativo – e dessa maneira questionou legitimamente tal norma; ou seja, por modos autorizados para este fim. Em suma, o conceito de empresa cidadã fiel ao direito só pretende moldar para o direito penal empresarial aquilo que se mostra válido para o direito penal individual: que só reconhece capacidade de questionamento legítimo da norma se lhe for reconhecida uma capacidade de culpabilidade quando ele questionar uma norma mediante um ato delitivo.

### 3. Elementos do modelo construtivista de autorreponsabilidade penal e empresarial

*3.1. Introdução*

Entre os elementos do modelo construtivista, a atenção será focalizada naqueles que tratam certos pontos nevrálgicos da discussão em torno da responsabilidade penal empresarial. Assim, em primeiro lugar, analisa-se qual nova perspectiva traz o modelo construtivista a uma questão tão conhecida como a incapacidade de agir da pessoa jurídica. Dessa maneira, partindo de certos postulados construtivistas e de determinadas posições da teoria penal moderna, consegue-se transformar a questão da capacidade de agir para a capacidade de organização para terminar afirmando a capacidade de auto-organização da empresa. Em segundo lugar, tenta superar-se a maior dificuldade no momento de estabelecer a responsabilidade penal e empresarial – para entender a culpa da empresa –, usa uma figura metodológica própria do construtivismo operativo: o equivalente funcional. Portanto, o conceito construtivista de culpabilidade empresarial estabelece que a culpabilidade individual e a culpabilidade empresarial não são iguais, mas sim, funcionalmente equivalentes. Em terceiro lugar, e como consequência do anterior, devem-se distinguir as organizações empresariais com capacidade de culpabilidade – imputáveis – daquelas sem capacidade de culpabilidade – inimputáveis. Somente dessa maneira pode-se afirmar a existência de uma verdadeira responsabilidade penal e empresarial. Em quarto e último lugar, estabelece-se que a teoria da pena leva o modelo construtivista, sobretudo a raiz da especial vinculação que surge entre culpabilidade e pena. Em conclusão, será indicada como a retribuição comunicativa – variação da conhecida prevenção geral positiva – desempenha uma função decisiva no afiançamento da responsabilidade penal empresarial.

### 3.2. A competência empresarial

1. Como se sabe, a dogmática jurídico-penal tradicional, baseada fundamentalmente no conceito de ação, rejeitou a possibilidade de que a empresa possa atuar sozinha. Isto é, somente as pessoas físicas têm capacidade de ação,

motivo pelo qual a empresa, no máximo, poderia adquirir certa capacidade de ação através de seu representante. Assim, mostra-se muito claramente que enquanto se estiver utilizando a semântica da ação – a qual, no princípio da dogmática penal, se referia unicamente à pessoa física –, fica destinada ao fracasso qualquer transposição desta categoria ao âmbito empresarial. Não obstante, existem algumas tendências modernas na teoria do Direito Penal que oferecem novos apoios para superar estas dificuldades. Assim, foram conformados determinados conceitos – algumas vezes explícita e outras implicitamente – que têm como base um denominador comum para fundamentar a responsabilidade tanto de pessoas físicas quanto de pessoas jurídicas. Tais conceitos giram em torno, às vezes mais e às vezes menos, do conceito de competência organizativa, o qual precisa de uma explicação mais adiante.

2. A primeira posição a destacar, neste marco, é a de Heine. Este fundamenta a competência organizativa da empresa em virtude de um domínio da organização de caráter sistêmico-funcional baseado na diferenciação funcional e na descentralização das empresas – que servem como princípios organizadores – assim como a teoria consequente do direito reflexivo – de impronta sistêmica. Neste sentido, deve-se destacar que Heine considera que tal domínio de organização de caráter sistêmico funcional no Direito Penal empresarial é o equivalente funcional ao domínio do fato no Direito Penal individual. Como consequência desta abordagem, a empresa assume uma importante posição de garante, o qual já havia sido indicado, de alguma maneira, por outros autores.

3. A posição de Heine pode ser relacionada com a profunda abordagem de Lampe, que, recentemente, introduziu nesta discussão um supraconceito (*Oberbegriff*), conceito este que aglutina as pessoas físicas e jurídicas sob a mesma categoria: trata-se do conceito de pessoa social. Por pessoa social deve-se entender aquele que é o realiza-

dor do injusto, gerando-se esta capacidade de produção de injusto em duas fontes diferentes, dependendo de se está se tratando de pessoas físicas ou de pessoas jurídicas; as primeiras adquirem a partir de sua capacidade de agir; as segundas, a partir de sua capacidade de organização. Assim, "uma pessoa social pode ou não realizar sua capacidade de agir ou de organização, ou fazê-lo de maneira deficitária, em um entorno social que demanda sua realização".

4. Este conceito de pessoa social não fica muito distante do conceito desenvolvido por Bottke em torno do organizador de contatos sociais, que assim como no conceito de pessoa social de Lampe, constitui um supraconceito para as pessoas físicas e jurídicas. Assim, tanto as pessoas físicas como as denominadas pessoas jurídicas podem considerar-se organizadores de contatos sociais idôneos, na medida em que a eles se atribui determinada competência para a organização de contatos sociais e, por conseguinte, a correspondente responsabilidade; em poucas palavras, ambos têm competência sobre os contatos. Assim, da mesma maneira que para Lampe as empresas podiam produzir injusto, para Bottke, estas podem organizar contatos sociais, devendo em ambos os casos atribuir-lhes certa competência sobre dita produção e organização.

5. Neste ponto, abre-se uma excelente possibilidade de harmonizar conceitualmente o Direito Penal individual com o Direito Penal empresarial sob a ótica da corrente normativa funcionalista do final do século XX. Assim, sob a perspectiva normativista, o ponto culminante se deu com a atribuição de competência sob o âmbito organizacional, da qual se deriva que do âmbito da organização não devem criar riscos superiores aos permitidos, e caso o faça, a pessoa é penalmente responsável por estes riscos. Ou seja, reconhece-se à pessoa jurídica uma liberdade para orga-

nizar-se como queira, sempre e quando esta organização não gere riscos superiores ao permitido.

6. Estes avanços ocorridos no campo do direito ciências criminais, são apoiados por perspectivas operacionais-construtivistas. De fato, como mencionado acima, de acordo com a organização, é – em alguns casos, como discutido mais tarde – em um sistema autopoiético, que fornece uma série de características especiais. Assim, o sistema organizativo empresarial – assim como para as pessoas físicas – começa a desenvolver com o tempo uma complexidade interna transformando-se em uma capacidade de auto-organização, autodeterminação e autocondução tal, que passa a ser lógico – e necessário – atribuir à empresa certa competência sobre seu âmbito de organização. Como se vê, sob a perspectiva tradicional do delito, pode-se afirmar que a capacidade de agir se vê assim substituída por uma capacidade de organização, de tal maneira parece complicado afirmar que uma empresa atua por si mesma, estas dificuldades desaparecem consideravelmente quando se sustenta que chegado a um determinado nível de complexidade interna, a empresa começa a organizar-se e a auto-organizar-se.

### 3.3. A imputabilidade empresarial

1. Geralmente, a discussão sobre a responsabilidade penal empresarial generaliza a possibilidade, *prima facie*, de todas as empresas serem responsabilizadas penalmente. No entanto, parece mais adequado para a lógica jurídico-penal que existam organizações empresariais imputáveis – com capacidade de culpabilidade – e organizações empresariais inimputáveis – sem capacidade de culpabilidade. Dito em outras palavras, da mesma forma que nem todas as pessoas físicas são imputáveis, nem todas as empresas devem sê-lo no Direito Penal empresarial.

Pelo menos essa deveria ser a abordagem de um verdadeiro direito penal empresarial.

2. Pois bem, essa lógica jurídico-penal decorre não só de uma comparação correta entre o direito penal individual e o direito penal empresarial, mas que sobretudo constitui o corolário natural da aplicação dos pressupostos (operativo) construtivistas no âmbito da responsabilidade penal empresarial. Além disso, graças a esta distinção, pode-se, por um lado, superar certas críticas que foram levantadas contra a ausência de autoconsciência – consciência de si mesmo – por parte das pessoas jurídicas, e, por outro, oferecer uma abordagem político-criminal mais adequada para certos tipos de pessoas jurídicas. Ambas as questões foram tratadas com maior profundidade em outros trabalhos anteriores, razão pela qual resulta adequado mostrar, sem maiores digressões no fundamento desta distinção, explicando suas principais características.

3. O fundamento básico está no construtivismo operativo que, apoiando-se nos avanços das ciências da comunicação, parte do princípio que tanto consciência como comunicação mostram as mesmas características de autorreferencialidade, recursividade e reflexão. Aos efeitos que aqui interessam, esta autorreferencialidade comunicativa se dá em dois sistemas chaves: o sistema jurídico (Direito) e o sistema organizativo (empresa). Por isso, o primeiro se refere à autorreferencialidade da comunição e faz com que o sistema jurídico não tenha acesso direto nem ao interior da consciência humana (sistema psíquico), nem ao interior da organização empresarial (sistema organizativo). Ambos os sistemas, tanto psíquico como organizativo, podem aspirar no máximo a mostrar indícios racionais de una autorreferencialidade suficiente, uma vez que estes formam a base sobre a qual o sistema jurídico-penal atribui a "personalidade". Esta autorreferencialidade é traduzida, na terminologia da teoria dos sistemas, como a constituição dos sistemas autopoiéticos de ordem superior (*High Order*

*Autopoyetic Systems).* Uma vez que a construção do sistema psíquico (ser humano) como um sistema autopoiético de ordem superior não é questionada pela doutrina penal majoritária, convém centralizar a atenção no sistema organizativo (a empresa) para responder a pergunta: pode uma pessoa jurídica converter-se em um sistema autopoiético de ordem superior?

4. Ao longo das últimas décadas, Gunther Teubner vem elaborando os pressupostos de como se constitui uma empresa em um sistema autopoiético de ordem superior. Assim, como demonstra Gunther Teubner, a pessoa jurídica sai de uma minoridade (*Unmündigkeit*) no momento em que se produz uma vinculação hipercíclica entre as características autorreferenciais do sistema organizativo: ou seja, uma dupla autorreferencialidade. Dito de outra maneira, ao longo do tempo, produz-se uma acumulação de círculos autorreferenciais no âmbito empresarial até chegar a um encadeiamento hipercíclico dos mesmos, momento em que emerge verdadeiramente o ator corporativo (*corporate actor*) como sistema autopoiético de ordem superior. Estes círculos autorreferenciais se dão em quatro âmbitos diferentes: o limite do sistema, a estrutura do sistema, os elementos do sistema e a identidade do sistema. Assim, o limite do sistema organizativo é dado pela condição de membro (*Mitgliedschaft*); a estrutura se materializa nos programas de decisão – tanto finais como condicionais – que regem a organização; os elementos do sistema, isto é, as unidades basais ou operações que constituem a *autopoiese* do sistema organizativo, são as decisões; finalmente, a identidade do sistema vem determinada pela denominada identidade corporativa. Portanto, quando a identidade corporativa se vincula hiperciclicamente com a decisão corporativa, por um lado, e as normas do próprio sistema são as que determinam quem é membro da organização, então surge o ator corporativo como uma realidade diferente da de cada um dos sistemas psíquicos subjacentes e

começa a adquirir uma capacidade auto-organizativa que supera, em muito, a capacidade organizativa de cada um de seus membros.

6. O decisivo nesta discussão é que tanto o sistema psíquico como o sistema organizativo devem desenvolver uma determinada complexidade interna suficiente para poderem ser consideradas pessoas de direito penal. Assim, a complexidade interna suficiente é um pressuposto para o desenvolvimento de uma autorreferencialidade suficiente que permita a autodeterminação do próprio sistema em relação ao seu entorno, ponto decisivo para o nascimento da responsabilidade penal. Neste sentido, pode estabelecer-se, de novo, uma equivalência funcional entre o desenvolvimento de uma complexidade interna suficiente na pessoa física e na pessoa jurídica. Da mesma maneira que a criança não é imputável no Direito Penal individual até que seu sistema psíquico seja suficientemente complexo, isto é, até que não tenha alcançado um determinado nível interno de autorreferencialidade – autoconsciência –, a pessoa jurídica tampouco pode considerar-se imputável no Direito Penal empresarial até que seu sistema de organização não seja suficientemente complexo, isto é, até que não tenha alcançado um determinado nível de autorreferencialidade – auto-organização. Portanto, as empresas devem também superar esse limite de complexidade interna suficiente e de autorreferencialidade suficiente para poderem ser consideradas pessoas de direito penal. Este limite se estabelece tanto no âmbito do Direito penal individual quanto no Direito penal empresarial, normativamente.

### 3.4. A culpabilidade empresarial

1. Dentre os diferentes problemas que apresenta a instauração de um modelo de responsabilidade penal empresarial, a determinação da culpabilidade empresarial goza de uma posição privilegiada. Não em vão a impos-

sibilidade de compatibilizar o princípio da culpabilidade com a organização empresarial se mostrou o bastão irredutível da doutrina tradicional, tendo inclusive afirmado que o princípio *societas delinquere non potest* foi imposto como expressão do princípio: não há pena sem culpabilidade. Pode-se então constatar a existência de vários autores que, apesar de não terem grandes problemas com as outras categorias de crime, demonstram dúvidas quando ao princípio da culpa se referem. Do mesmo modo que mostra Guardiola Lago em uma das últimas monografias na língua espanhola: "em conclusão, parece ser que o inconveniente principal para estabelecer uma responsabilidade penal da pessoa jurídica segue sendo a falta de construções dogmáticas aptas para respeitar o princípio de culpabilidade".

2. Pois bem, diante desta difícil situação, a forma de abordar a problemática que adota o modelo construtivista é construir um conceito de culpabilidade empresarial que, se bem não é idêntico ao conceito de culpabilidade individual, sim que resulte funcionalmente equivalente. Ou seja, conforme o modelo construtivista, culpabilidade empresarial e culpabilidade individual não são iguais, mas sim, funcionalmente equivalentes; ou expressado de outra forma: desde a perspectiva da função da culpabilidade – simbolizar a infração do papel do cidadão [corporativo no caso da empresa] fiel ao Direito, o questionamento da vigência da norma – culpabilidade individual e culpabilidade empresarial são equivalentes. Efetivamente, o conceito construtivista de culpabilidade empresarial tem como base três equivalentes funcionais que se correspondem com os três pilares do conceito de culpabilidade individual: a fidelidade ao Direito como condição para a vigência da norma, o sinalagma básico do direito penal e, por último, a capacidade de questionar a vigência da norma. Estes equivalentes funcionais são desenvolvidos brevemente à continuação.

2. O primeiro equivalente funcional se fundamenta no fato de que, na sociedade moderna, a vigência de determinadas normas depende em grande medida da criação e manutenção de uma cultura empresarial de fidelidade ao Direito. Assim, o modelo descentralizado de organização social que surgiu no âmbito individual com motivo da "desmistificação do mundo", teve lugar no âmbito empresarial ao longo do século XX devido, entre outras coisa, à "desmistificação do Estado". Desta forma nasce o conhecido fenômeno da autorregulação empresarial como um reflexo da incapacidade estatal para controlar certos riscos característicos da sociedade pós industrial moderna. Isto tem provocado que este controle e gestão de riscos encontram-se descentralizados em direção às organizações empresariais que, em virtude de seu tamanho e complexidade interna, não admitem uma regulação – intervenção – direta estatal externa senão, que como muito, pode desejar um controle de contexto (*Kontextsteuerung*) característico do Direito reflexivo. Vendo esta situação, resulta necessário e adequado impor, a estas organizações empresariais, a obrigação primordial que afeta a toda pessoa jurídico--penal: a obrigação de fidelidade ao Direito, o qual se concretiza na institucionalização de uma cultura empresarial de fidelidade ao Direito. O reconhecimento de uma esfera de autonomia à empresa com a conseguinte obrigação de fidelidade ao Direito provoca, ao igual que foi feito no indivíduo, o nascimento do cidadão (corporativo) fiel ao Direito. Portanto, o papel que garante o Direito Penal (empresarial) é o de papel do cidadão (corporativo) fiel ao Direito e, em consequência, a não institucionalização dessa cultura empresarial de fidelidade ao Direito constitui o descumprimento do papel do cidadão (corporativo) fiel ao Direito; ou seja, a manifestação da culpabilidade jurídico--penal empresarial.

3. O nascimento do papel do cidadão corporativo fiel ao Direito leva ao reconhecimento de um mínimo

de igualdade às empresas. Nesse ponto, radica o segundo equivalente funcional que, desta maneira, consiste no estabelecimento do sinalagma fundamental do Direito Penal (empresarial): liberdade de auto-organização (empresarial) *vs.* responsabilidade pelas consequências (da atividade empresarial). Expressado com as palavras de Schünemann: "a legitimação das sanções econômicas à associação pode ver-se na autonomia da associação, à qual o Direito lhe adscreve fundamentalmente uma liberdade à organização própria que, contudo, tem como reverso ter que ser responsável pelos resultados negativos dessa liberdade". A instituição negativa do *nenimen laedere* empresarial encontra sua ancoragem constitucional, na opinião de vários autores, na liberdade da empresa, e leva aparelhada a obrigação, do mesmo modo que no indivíduo, de manter o âmbito de organização (empresarial) próprio dentro das margens do risco permitido. Desta forma, acentua-se a autorresponsabilidade empresarial, que com Heine pode formular-se como imperativo categórico: toda a empresa deve comportar-se (organizar-se) autorresponsavelmente de tal forma que ninguém resulte prejudicado – ou seja, que o risco permaneça dentro do âmbito empresarial. A empresa passa de ser um mero ator econômico com base na lógica racional dos custos/benefícios a transformar-se em uma pessoa jurídico-penal orientada pelo esquema direitos/deveres; ou seja, constitui-se como um verdadeiro cidadão fiel ao Direito.

4. Precisamente esse *status* de cidadania conforma o terceiro equivalente funcional. Assim, passa a ser fundamental para a dimensão material da culpabilidade jurídico-penal a possibilidade de poder participar na produção comum de sentido; ou seja, o princípio de culpabilidade garante que a pessoa "é competente para intervir em assuntos públicos". No entanto, como a empresa participa na produção comum de sentidos? Como intervém nos assuntos públicos? O ponto de partida vem dado por uma

determinada interpretação da liberdade de expressão reconhecida constitucionalmente às pessoas jurídicas. Neste sentido, o relevante a estes efeitos não é tanto o reconhecimento em si, senão o conteúdo e significado desta liberdade. Neste sentido, resultam especialmente relevantes as considerações de Lawrence Friedman, quem traz a colação à sentença da Corte Suprema norte-americana First National Bank of Boston *vs.* Belloti. Assim, em relação à liberdade de expressão reconhecida às corporações, esta Corte declarou expressamente que se tratava "da expressão ou discurso que passa a ser indispensável para a toma de decisões na democracia, e isto não é menos certo pelo fato de que a expressão provenha de uma corporação em lugar de um indivíduo". Desta maneira, vem se entendendo que, se bem uma corporação como tal não pode votar, reconhece-lhe o direito a participar no que realmente conta em democracia: o debate entre cidadãos. Em definitiva, é reconhecido às corporações, do mesmo modo que aos indivíduos, um direito a participar no processo de criação e definição das normas sociais. Este processo não vem marcado pelo direito de voto senão principalmente pela liberdade de expressar conceitos no discurso público sobre as normas sociais, contribuindo assim à conformação das mesmas.

### 3.5. *A função da pena empresarial*

1. A possibilidade de compatibilizar o conceito de pena com a organização empresarial também se constituiu, com certeza, em uma das maiores armadilhas no momento de se institucionalizar a responsabilidade penal empresarial. Nesse sentido, não são poucas as vozes que se levantaram sustentando que, por um lado, a empresa em si não possui capacidade de sentir a "dor" da pena; por outro lado, também se vem objetando, com certa assiduidade, que ao se impor uma pena à empresa, são castigados, na realidade, os acionistas ou os membros da

empresa. Contudo, o fato de que o conceito de pena tenha se afastado cada vez mais da dor física do condenado e de que se tenha constatado que organização empresarial se conforma como uma entidade/sistema separado dos acionistas/membros contribui, sem dúvida, a que seja revisto o verdadeiro alcance dessa objeção.

2. Conforme as linhas expostas anteriormente, o modelo construtivista estabelece uma estreita relação entre os conceitos de culpabilidade e de pena. Nesse sentido, a culpabilidade, tanto no Direito Penal empresarial como no Direito Penal individual, fundamenta-se em uma determinada concepção da conhecida prevenção geral impositiva – concretamente: na retribuição comunicativa. Assim, de acordo com a teoria da pena baseada na retribuição comunicativa, a pena cumpre a função de contribuir – no sentido de aumentar a probabilidade de sucesso da comunicação – para o restabelecimento comunicativo da norma, derivando-se como prestação, o reforço da fidelidade ao Direito. Dessa forma, a intensa e atual discussão que existe no Direito Penal individual sobre a relação estabelecida entre culpabilidade e pena, estende-se da mesma forma ao Direto Penal empresarial, com o conseguinte benefício – pelo menos conceitual – que supõe poder tornar compatível uma discussão do "núcleo rígido" do Direito Penal moderno com a responsabilidade penal empresarial.

3. A opção de fundamentar a pena empresarial em uma vertente da prevenção geral positiva não é uma novidade. São vários os autores que, de uma forma ou de outra, têm recorrido a diversas variantes desta teoria da pena para fundamentar suas posições nesta matéria. A possível contribuição do método construtivista nesse sentido é uma "atualização" desta opção, com base nos avanços das ciências das comunicações. No que se refere à função, a pena, seja imposta a um indivíduo ou a uma organização empresarial, restabelece comunicativamente a vigência da

norma e, dessa forma, não há qualquer diferença entre o Direito Penal individual e o Direito Penal empresarial.

É, portanto, uma consequência obrigatória de conformar um conceito de pessoa jurídico-penal que abranja tanto indivíduos como organizações empresariais. No que tange à prestação, o que mais interessa aqui é como se mostra o reforço da fidelidade ao Direito, no âmbito jurídico-penal empresarial. Da mesma forma como ocorreu com o indivíduo, o simbolismo jurídico-penal associado à pena imposta com base na liberdade de auto-organização da pessoa, estimula a ideia da autorresponsabilidade da pessoa. No caso do Direito Penal empresarial, tal ideia se baseia na estimulação e no esforço da autorresponsabilidade empresarial, como reforço da criação e da manutenção de uma cultura empresarial de fidelidade ao Direito.

4. O que se acaba de expor não vai de encontro, em absoluto, com a necessidade de haver um catálogo amplo de sanções para empresas na área do Direito Penal empresarial. Sendo assim, por um lado, o modelo construtivista indica que nem todas essas sanções devem ser consideradas penas, bem como no Direito Penal individual existe um sistema – no mínimo – de dupla via, o Direito Penal empresarial também deve fazer a distinção entre tipos de sanções e estabelecer um sistema de, no mínimo, dupla via. Por outro lado, a concepção construtivista não significa que as penas para as empresas sejam idênticas às penas para os indivíduos; pretende-se somente afirmar que, desde o ponto de vista conceitual – ou seja, em um plano de reflexão abstrato –, são funcionalmente equivalentes. Por isso, no momento de concretizar que tipos de penas devem ser aplicadas às empresas, deve-se levar em consideração a realidade empresarial no sentido de observar que necessidades a sociedade moderna possui em relação à punição de empresas e qual é o *status* que as organizações empresariais sustentam na sociedade.

# 4. Conveniência científico-dogmática do modelo construtivista de autorresponsabilidade penal empresarial

## 4.1. Introdução

Se a esta altura ainda não foram demonstrados os benefícios do modelo construtivista de autorresponsabilidade empresarial, ao longo das seguintes duas epígrafes, tentar-se-á colocar algumas questões que, tanto no âmbito da ciência penal, como no da política criminal, são resolvidas mais adequadamente conforme o referido modelo. Logicamente, as razões de espaço impedem uma exposição detalhada dos problemas tratados e das soluções aportadas até a presente data; entretanto, serão comentadas algumas ideias base que defendem o estabelecimento e a aplicação de um modelo destas características.

## 4.2. Responsabilidade pelo fato empresarial

1. Pode-se afirmar, com segurança, que uma das maiores armadilhas científico-dogmáticas que foram expostas no momento de "encaixar" na teoria do delito à organização empresarial, refere-se ao "fato" cometido pela empresa e às soluções que foram propostas; em outras palavras, trata-se do problema da temporalidade do fato organizativo-empresarial. Na realidade, se não se quer cair na responsabilidade pelo fato alheio, típica dos modelos de heterorresponsabilidade – o fato cometido pela pessoa física é imputado diretamente à pessoa jurídica –, é colocado o problema de como entender o fato cometido pela própria empresa. Um dos primeiros autores a visualizar esta problemática foi Tiedemann, que tentou recorrer à *actio libera in causa* para fundamentar uma culpabilidade antecedente (*Vorverschulden*) da pessoa jurídica – solução amplamente criticada pela doutrina por implicar um regresso

ao infinito. Mais recentemente, dois autores que defendem o modelo de autorresponsabilidade propuseram diversas soluções que, em último caso, não parecem se compaginar bem com os parâmetros do Direito Penal moderno. Assim, por um lado, Lampe amplia o conceito de fato até "considerar como causa do resultado delitivo, não somente a ação (individual), como também a existência (sistêmica) de uma estrutura social". Em conclusão, a própria existência de tal estrutura social pode ser vista como um fato. Por outro lado, Heine estabeleceu um paralelismo entre o domínio do Direito Penal empresarial para concluir que a dimensão temporal nos dois âmbitos resulta substancialmente diferente; isso faz com que ele proponha uma culpabilidade pelo fato (*Tatschuld*) para o Direito penal individual que corre paralelamente à culpabilidade pela direção da atividade empresarial (*Betriebsführungsschuld*) do Direito Penal empresarial. O principal problema desta última construção é que tal tipo de culpabilidade empresarial corresponde ao conhecido conceito de culpabilidade pela condução da vida – amplamente criticado pela doutrina moderna – e dificilmente pode ser considerado dentro dos parâmetros do Direito Penal moderno.

2. O modelo construtivista propõe outro entendimento – concretamente, um entendimento normativo – em relação à referida problemática. Assim, a culpabilidade empresarial, para que possa corresponder a tais parâmetros, deve ser culpabilidade pelo fato; sendo o relevante aqui, a forma de entender este ato. Nesse sentido, o primeiro a ser levado em consideração é que deve ser adotada, como comentado anteriormente, uma perspectiva normativa do fato, de tal forma que o mero dado naturalístico de um transcurso maior ou menor do tempo, não adquire relevância normativa jurídico-penal. O fato – para respeitar a culpabilidade pelo fato – consiste na configuração de um âmbito de organização próprio – sempre, logicamente, respeitando os limites da tentativa e da consumação,

– e que a liberdade desde esta abordagem teórica não seja entendida como uma liberdade de vontade, liberdade de decisão em um momento concreto, mas sim, liberdade de (auto) organização, liberdade de se autoadministrar. Em conclusão, o fato, tanto no Direito Penal individual como no Direito Penal empresarial, é definido como a configuração de um âmbito organizativo determinado e esta configuração se dá, no caso da organização empresarial, graças a sua capacidade de auto-organização – já exposta acima, no item 3.2 – que fundamenta, precisamente, sua competência organizativa.

### 4.3. Injusto empresarial e culpabilidade empresarial

1. A partir do entendimento supracitado sobre o fato empresarial, também pode haver um determinado entendimento em relação à diferença entre injusto e culpabilidade no âmbito da responsabilidade penal empresarial. Nesse sentido, não são poucas as críticas afirmando que, na realidade, as fundamentações utilizadas para a culpabilidade empresarial se referem, no fundo, a uma dimensão – principalmente a objetiva – do injusto penal. Isso ocorre porque, não em vão, as construções de certos autores deduzem à culpabilidade, quase automaticamente, do injusto, já que a separação e a demarcação conceitual de ambos se torna complexa. Esse fenômeno pode ser observado de forma especialmente significativa nos modelos de heterorresponsabilidade propostos até os dias atuais, mas inclusive em certas proposições carregadas de uma notável autorresponsabilidade penal empresarial, é possível constatar uma importante "mistura" de estados da teoria do delito que não se beneficiam excessivamente na hora de avaliar a conveniência (científico-dogmática) dos modelos de responsabilidade penal empresarial. Consequentemente, ainda que somente se estabeleça a diferença para fins didáticos, convém deslindar as categorias de

injusto e culpabilidade diante de uma imputação global do fato delitivo culpável.

2. À medida que se foi aprofundando nos fundamentos da verdadeira responsabilidade penal empresarial, esta questão vem recebendo maior atenção. Assim, por exemplo, em sua importante monografia, Zúñiga Rodríguez concebe, por um lado, "o injusto de organização como uma possibilidade de dano social evitável", e, por outro lado, a culpabilidade como "defeito de organização ou a política favorecedora à realização do delito da empresa, levando em consideração se os que possuem poder de decisão não cumprirem tais deveres [de vigilância] dolosamente ou imprudentemente". Entretanto, essa concepção parece criar um vínculo excessivo à forma de agir de determinadas pessoas físicas que, segundo a autora, constituem o centro da decisão da organização, o que, novamente, não termina de se compaginar com o princípio de responsabilidade pelo próprio fato.

3. Nesse sentido, o modelo construtivista de autorresponsabilidade penal empresarial propõe vincular o injusto empresarial com uma configuração organizativa determinada – defeituosa, inexistente, inadequada etc. – e a culpabilidade empresarial com uma determinada cultura corporativa – de incumprimento ou infidelidade ao Direito. Ou seja, o injusto empresarial estaria vinculado com a organização da empresa; a culpabilidade empresarial referir-se-ia à cultura da empresa. Dessa forma, a imputação objetiva e subjetiva tomariam como base a configuração que a empresa realizou de seu âmbito de organização; a imputação pessoal levaria em consideração a existência ou inexistência de uma cultura empresarial fiel ao Direito.

### 4.4. Dolo empresarial

1. Se já foi comentado anteriormente que as questões referentes à culpabilidade empresarial foram extre-

mamente controvertidas desde os inícios da discussão, pode-se afirmar da mesma forma que a problemática da imputação subjetiva – especialmente a relativa ao dolo – tem sido de extrema complexidade neste âmbito. Assim, entre outras questões, a tradicional influência do elemento volitivo no conceito de dolo e a vinculação (exclusiva) da vontade ao indivíduo dificultavam imensamente a tarefa de formar um conceito de dolo que fosse compatível com a organização empresarial. A solução mais simples, como anteriormente mencionado em várias ocasiões, é construir um modelo de heterorresponsabilidade conforme o qual o dolo da pessoa física seja transferido à pessoa jurídica. Contudo, é necessário novamente apelar à inadequação jurídico-penal desta forma de proceder, além de não resolver os problemas de responsabilidade penal empresarial que ocorrem quando não é possível localizar esta pessoa física em concreto, relacionada ao dolo a ser imputado à pessoa jurídica.

2. Apesar da importância desta questão, não são muitas as soluções referentes à mesma, e ainda menos às formas específicas de tratar do problema. Do panorama atual convém destacar, por um lado, e precisamente como consequência da problemática referida em último lugar, o desenvolvimento no âmbito norte-americano da teoria do conhecimento coletivo (*collective knowledge doctrine*), conforme a qual é imputada à organização empresarial a soma dos conhecimentos de seus membros. Por outro lado, é importante destacar a visão de Zúñiga Rodríguez e de Heine, já que ambos realizam diversos aportes nesta controvertida área. Sendo assim, a primeira, partindo de uma concepção de dolo como "representação do perigo concreto de produção do resultado", afirma que devem ser observadas "as ações organizacionais: onde o ação que denotar maior periculosidade objetiva do perigo para o bem jurídico, será caso de imputação dolosa e a ação que denotar menor periculosidade objetiva do resultado peri-

go para o bem jurídico, dará lugar a uma imputação culposa". Heine, por sua vez, considerando que hoje em dia "o dolo não é estabelecido como um conhecimento real do autor, mas sim é imputado funcionalmente conforme a medida da concepção social", conclui que "é possível imputar à empresa, como autora, em conjunto, o conhecimento disperso através de toda a organização".

3. A abordagem dessa questão proposta pelo modelo construtivista mostra aspectos coincidentes e divergentes em relação a estas posições, mas, em geral, pode-se afirmar que avança na mesma linha deste últimos autores no sentido de buscar um verdadeiro dolo empresarial deslindado do dolo das pessoas físicas. Assim sendo, em primeiro lugar, é importante destacar – como também é feito por essas posturas – a progressiva normatização do dolo e a conseguinte relativização do elemento volitivo a favor do elemento cognoscitivo unido ao conceito de risco. Em segundo lugar, o aparecimento em diversas disciplinas – teoria da organização e teoria do *management* entre outras – do cume do conhecimento organizativo que, novamente, aparece tangencialmente em tais propostas. Concretamente, à perspectiva construtivista interessa sublinhar que a empresa, como sistema organizativo autopoiético, dispõe sobre o conhecimento organizativo com independência do conhecimento dos indivíduos particulares. Segundo indica Willke, "o núcleo do conhecimento coletivo é a observação de que o conteúdo deste conhecimento não se caracteriza pelas partículas de conhecimento individuais que se encontram nas cabeças das pessoas (...), mas sim pelas relações e pelos modelos de vinculação entre estes elementos de conhecimento. As próprias vinculações constituem o conhecimento independente, coletivo ou sistêmico da organização". Além disso, é bom lembrar que conforme o entendimento do Direito como sistema funcional autopoiético, tal sistema jurídico não possui acesso ao interior dos sistemas – psíquicos ou

organizativos – aos quais são atribuídas as comunicações jurídico-penais e que, portanto, a imputação subjetiva é uma construção normativa. Da união de ambas as circunstâncias resulta que o dolo no Direito Penal empresarial é entendido como conhecimento organizativo do concreto risco empresarial – nos delitos de perigo – que se realiza no resultado típico – nos delitos de resultado.

### 4.5. Autoria e participação empresarial

1. Outro âmbito de discussão que tem ganhado relevância especial nos últimos tempos são as relações de autoria e participação que podem existir entre indivíduo e organização empresarial. Na realidade, a problemática que implica essa questão é extremamente complexa, existindo atualmente pelo menos duas opções que mostram um notável potencial explicativo, como se fará referência a seguir. Mas antes de comentar ambas as opções, é conveniente explicitar algumas correntes da problemática em questão. Assim, a primeira vertente faz referência à contundente crítica contra os modelos de heterorresponsabilidade baseados no fato de conexão (*Anknüpfungtat*) – que são maioria na Espanha – e consiste em que afirmar tal fato deve, ou imputar-se à pessoa física, ou imputar-se à pessoa jurídica. A segunda vertente passa pelo inadequado dos modelos alternativos ou subsidiários de responsabilidade penal empresarial que, efetivamente, defendem imputar o fato delitivo ou ao indivíduo, ou à empresa.

2. Uma primeira opção para superar tal problemática é proporcionada pela teoria normativo-funcionalista da participação e, em princípio, é uma abordagem defendida pelo modelo construtivista. Conforme a mesma, é possível explicar como, aos efeitos que aqui importam, a configuração – por parte da organização empresarial – do marco no qual a pessoa física pratica o fato delitivo, constitui o fundamento da punição daquela, bem como que se possa

imputar como seu o fato global final. No âmbito empresarial, o tempo da configuração do marco prévio é, de acordo com o ponto de vista naturalístico, maior que o tempo da estrita execução, não significando isso, entretanto, que na visão normativa seja caso de uma culpabilidade pelo caráter ou pela condução da vida. Desde esta perspectiva, portanto, o fato de conexão não consistiria fundamento punitivo algum, mas sim serviria, precisamente, para conectar, em seu caso, dois fundamentos de responsabilidade autônomos: o do indivíduo e o da organização empresarial.

3. A segunda opção passa por uma determinada interpretação do que poderia ser denominado de "dogmática do domínio da organização". Desde esta perspectiva, a aplicação da construção do domínio do fato em virtude do domínio da organização não serviria, em princípio, para explicar as relações existentes entre "homem da frente" e "homem de trás" no Direito Penal individual, mas sim para fundamentar a autoria mediata da organização empresarial – em virtude de um determinado injusto organizativo – junto com a responsabilidade penal individual – em virtude de um determinado injusto individual; e ainda nesta linha de argumentação, chegou-se a propor que tal relação dogmática serve para relacionar os fundamentos de responsabilidade de uma matriz com sua filial.

### 4.6. Resumo

1. Em definitivo, de acordo com os topos argumentativos recentemente referidos, espera haver-se mostrado, ao menos de forma indiciativa, que o modelo construtivista de autorresponsabilidade penal empresarial oferece uma melhor ancoragem com os parâmetros modernos do Direito Penal. Assim, a atribuição de um fato próprio – autorresponsabilidade – em contraposição à imputação de um fato alheio – heterorresponsabilidade – parece com-

paginar-se melhor com os padrões de responsabilidade definidos pelo Direito penal moderno. De fato, tal como foi assinalado por vários autores, um dos defeitos dos que vieram debilitando os modelos de responsabilidade penal tradicional é que não respondiam aos parâmetros fundamentais da concepção moderna do Direito Penal. Entretanto, os modelos de autorresponsabilidade penal empresarial oferecem uma melhor ancoragem com a distinção qualitativa que supõe o Direito Penal. Neste sentido, caso se pretenda que a pena continue mantendo seu significado comunicativo moderno, então o que se impute penalmente à empresa deve ser algo próprio, e não algo alheio. Esta circunstância se acentua quando, como neste caso, se defende uma concepção comunicativa da pena na qual o restabelecimento comunicativo da vigência da norma adquire uma relevância decisiva tal e como foi indicado supra 3.5.

2. Em geral, as categorias básicas – a falta, obviamente, de um desenvolvimento pormenorizado – do modelo construtivista de autorresponsabilidade penal empresarial são as apresentadas no Quadro I.

Quadro I. Esquema dogmático básico do modelo construtivista de autorresponsabilidade penal empresarial

| Modelo construtivista de autorresponsabilidade penal empresarial ||
|---|---|
| Imputação objetiva | Organização empresarial defeituosa / inexistente |
| Imputação subjetiva | Conhecimento organizativo do risco empresarial |
| Imputação pessoal (culpabilidade) | Cultura empresarial de descumprimento do Direito |

# 5. Conveniência político-criminal do modelo construtivista de autorresponsabilidade penal empresarial

## 5.1. Introdução

Uma vez explicitadas certas "vantagens" dogmáticas do modelo construtivista de autorresponsabilidade penal empresarial, é conveniente fazer referência à bondade político-criminal que este modelo supõe em contraposição aos modelos de heterorresponsabilidade penal empresarial. Estas questões se mostram especialmente relevantes em um momento como o atual, no qual as tentativas por parte do Legislador de "abordar a responsabilidade penal das pessoas jurídicas", junto com o novo artigo 31.2 do Código Penal, não só tropeçam em importantes armadilhas dogmáticas, assim como – talvez principalmente – em deficiências político-criminais de significativa profundidade. Por isso, e com a finalidade de solucionar a necessidade cada vez mais urgente de regular devidamente este contexto, a seguir será feita referência – talvez de maneira um tanto esquemática – a alguns âmbitos político-criminais onde o modelo construtivista de autorresponsabilidade penal empresarial apresenta vantagens notáveis diante dos modelos de heterorresponsabilidade.

## 5.2. Superação do problema da irresponsabilidade organizada/estrutural

1. O primeiro âmbito político-criminal em que os modelos de autorresaponsabilidade mostram uma vantagem considerável é na hora de se fazer frente aos fenômenos da irresponsabilidade organizada e da irresponsabilidade estrutural, simplesmente devido a que não estão sujeitos à atuação delitiva de determinadas pessoas físicas. Isto é, é possível contra-argumentar, de maneira mais efetiva, so-

bre a problemática da "infrainclusão" de supostos que, em que pese a sua gravidade, não permitem a identificação de uma pessoa física concreta que tenha atuado responsavelmente representando a empresa; ou mais ainda, que inclusive identificando-a não foi possível responsabilizá-la devido à aplicação de certas circunstâncias que a eximem de responsabilidade.

2. Esta situação não é, em absoluto, desconhecida para o Legislador espanhol. Assim, basta trazer à colação, por um lado, o artigo 31.2 CP conforme o qual se exige que se tenha que impor ao "autor" do delito – e, pelo que parece, só pode ser uma pessoa física – uma pena de multa para que a pessoa jurídica responda de forma direta e solidariamente. Por outro lado, isto também se pode afirmar com respeito ao artigo 129. Assim, já a própria denominação de "consequência acessória" mostra uma clara dependência, tanto conceitual como prática, com relação à pena principal que, pelo que se pode ver, só se refere à pessoa física. Poder-se-á discutir sobre o grau de responsabilidade que é exigível na pessoa física para que seja possível impor tais consequências, mas é impossível desvincular a imposição destas da atuação delitiva daquela.

3. Portanto, caso se queira superar esta situação, é imprescindível estabelecer um modelo no qual a responsabilidade penal empresarial não tenha como pressuposto a responsabilidade penal individual – ou, em geral, a necessidade de identificar uma pessoa física concreta cuja atuação "desencadeie" na responsabilidade da empresa – De fato, um dos problemas dos modelos de heterorresponsabilidade é que dependem da constatação de uma determinada atividade delitiva por parte de uma pessoa física – ou mais ainda: que as pessoas físicas tenham atuado dentro de seu marco estatutário e, nos casos típicos dos fenômenos apontados, é impossível tal constatação. Pelo contrário, os modelos de autorresponsabilidade penal empresarial – e, entre eles, o construtivista – permitem

classificações conceituais neste sentido que permitem fazer frente de maneira mais efetiva a esta problemática.

### 5.3. Introdução de causas de exclusão da culpabilidade empresarial

1. Por outro lado, e em sentido inverso, os modelos de autorresponsabilidade permitem uma melhor resposta para a problemática da "suprainclusão" de supostos neles, em que pese a existência de uma atuação delitiva por parte de uma pessoa física em representação da empresa, tal atuação não deve imputar-se penalmente a esta, e muito menos impor-lhe uma pena. Trata-se, em definitivo, de permitir a introdução de causas de exclusão da culpabilidade empresarial apesar de um representante da empresa ter cometido um delito em seu nome e representação, com a intenção, também, de beneficiá-la. Neste sentido, a dependência conceitual que especialmente os modelos de heterorresponsabilidade empresarial têm com relação às pessoas físicas, faz com que, conceitualmente, a caracterização da culpabilidade intrinsecamente empresarial seja muito mais difícil, e que, desde a perspectiva da práxis, seja mais complicado – para não dizer impossível – introduzir causas de exclusão da culpabilidade empresarial.

2. Esta situação se adverte claramente, por exemplo, em uma das concepções mais difundidas de culpabilidade empresarial baseada no fato de conexão; a saber, a culpabilidade organizativa ou por defeito de organização. Conforme tal abordagem se pretende excluir especificamente que se leve em conta possíveis causas de exculpação empresarial, de tal maneira que a mera constatação de um defeito organizativo, unido à atuação de um representante da empresa, desemboca irremediavelmente na responsabilidade penal da própria empresa, o que já foi criticado por certos setores da doutrina. Este evidente prejuízo para a empresa, fiel ao Direito, se mostra atualmente de forma

clara na regulação existente no artigo 31.2 do Código Penal, pois, devido ao mesmo, a pessoa jurídica responde "direta e solidariamente" à pena de multa imposta ao autor – pessoa física – do delito com independência, em princípio, da culpabilidade empresarial – cultura empresarial – que a própria empresa possa ter.

3. Pois bem, se realmente pretendermos sustentar que as organizações empresariais têm uma capacidade de culpabilidade, é preciso afirmar, exatamente na mesma medida, que existam causas de exclusão de tal culpabilidade. Neste sentido, é imprescindível um mínimo de coerência e de justiça; ao menos se quisermos estabelecer um sistema de responsabilidade penal empresarial. Conforme a abordagem aqui sustentada, a culpabilidade empresarial consiste em um *deficit* de fidelidade ao Direito que se manifesta em uma cultura empresarial de não cumprimento com o Direito. A partir desta posição, um dos modelos especialmente idôneos de introdução de causas de exclusão da culpabilidade empresarial é o norte-americano, que está baseado nos denominados programas de cumprimento corporativo – *Corporate Compliance Programs* – cujos detalhes, por motivos de espaço, não podem ser desenvolvidos aqui. Basta apenas lembrar que no sistema mais detalhado existente, até o momento, a este respeito – o sistema norte-americano – considera-se que tais programas constituem um reflexo da cultura empresarial da pessoa jurídica e, portanto, servem para determinar o índice de culpabilidade especificamente empresarial.

*5.4. Tratamento das sociedades virtuais e do levantamento do sigilo*

1. Além dos supostos de "infrainclusão" e "suprainclusão" examinados, os modelos de heterorresponsabilidade – assim como, em princípio, os de autorresponsabilidade existentes até a data – apresentam um importante *deficit*

na hora de responder – tanto sob o ponto de vista teórico como prático – à questão das sociedades virtuais e à doutrina do levantamento do sigilo. De fato, no que se refere às sociedades virtuais, surge a dificuldade de atribuir responsabilidade penal a sociedades que são criadas e liquidadas diariamente e que, em nenhum caso, podem mostrar uma culpabilidade própria; no tocante ao levantamento do sigilo, dificulta-se extraordinariamente compatibilizar esta tendência à localização da pessoa física verdadeiramente responsável com uma responsabilidade penal da empresa em seu conjunto. Isto é, como se pode considerar que uma sociedade virtual é responsável penalmente no mesmo sentido que o é uma organização empresarial com uma determinada presença social, uma estruturação complexa e uma identidade corporativa significativa?; por que "indagar" no interior da empresa em busca de uma pessoa física responsável, quando é possível responsabilizar penalmente a empresa como tal? A resposta a estas questões, a partir de um modelo de heterorresponsabilidade, parece, no mínimo, sumamente difícil. Entretanto, o modelo construtivista envolve coerentemente estas duas peças com seu esquema geral e permite dar-lhes uma resposta também satisfatória.

2. Em primeiro lugar, de acordo com este modelo, as sociedades virtuais não são consideradas imputáveis penalmente devido a sua evidente incapacidade de culpabilidade empresarial. Assim, entende-se que só aquelas empresas que atingiram um determinado nível de complexidade interna são possíveis autores no Direito Penal empresarial – da mesma forma que só aqueles indivíduos que atingiram um determinado nível de complexidade interna (autoconsciência) são imputáveis no Direito Penal individual. Obviamente, aqui não se defende a exclusão de sanções ou medidas de intervenção contra as sociedades virtuais. É exatamente o contrário. A utilização deste tipo de sociedades no âmbito da delinquência do colari-

nho branco e da delinquência organizada, entre outras, é sumamente habitual, portanto é preciso haver um instrumentário adequado para tratá-las de uma forma eficaz. O único que aqui se pretende é evitar que este instrumentário seja considerado um elenco de penas cuja imposição deve estar sujeita à culpabilidade da pessoa jurídica. E é que, se fossem consideradas verdadeiras penas, então sua imposição estaria sujeita a requisitos e cautelas de constatação muito mais difícil – para não dizer impossível.

3. Precisamente neste ponto adquire uma relevância substancial, em segundo lugar, a doutrina do levantamento do sigilo, pois desde a perspectiva do modelo construtivista, esta doutrina é totalmente coerente com uma abordagem que se interessa pelos fundamentos autônomos da responsabilidade penal; em outras palavras, passa a ser coerente a utilização da doutrina do levantamento do sigilo para aqueles casos nos quais a empresa não se conduz autonomamente, mas que é conduzida heteronomamente. Logo, por um lado, fica evidente que a figura do levantamento do sigilo "transgride" a personalidade jurídica da empresa. Isto é, esta técnica consiste precisamente em "romper" o sigilo jurídico da sociedade para introduzir-se dentro da mesma e alcançar aqueles que a (hetero) administram. Mais claramente, não é possível descrever a intromissão ou intervenção em uma empresa. Por outro lado, o levantamento do sigilo é uma técnica consistente para se praticar, fundamentalmente em sociedades virtuais ou sociedades que não desenvolveram uma complexidade própria suficiente (em geral de muito baixa complexidade, ainda que nem sempre, como no caso dos grupos de empresas), uma intervenção das mesmas de tal maneira que se tenta ter acesso aos responsáveis situados por trás delas (sejam estes indivíduos ou empresas). Trata-se, portanto, de técnicas de intervenção jurídico-penais.

4. Por último, deve-se notar que o principal problema na matéria surge, tanto quanto no âmbito do Direito Pe-

nal individual, no estabelecimento do limite normativo a partir do qual é possível considerar que uma organização empresarial é uma pessoa em Direito Penal e, portanto, sujeita à imposição de uma pena. De fato, da mesma forma que é problemático fixar a maioridade de idade penal no Direito Penal individual, também representa uma importante dificuldade fixá-la na empresa. Com respeito a esta questão, deve-se destacar, em primeiro lugar, que tal limite não é um limite ontológico, mas sim, normativo, portanto, e consequentemente, pode variar em cada ordenamento jurídico, dependendo do grau de evolução e desenvolvimento de uma sociedade. Em segundo lugar, da mesma forma que o substrato psíquico é determinante para a imputabilidade dos sistemas psíquicos (indivíduos) – como bem refletiam as palavras do homenageado –, o substrato organizativo se torna decisivo com respeito aos sistemas organizativos (empresas). Daí que, para estes fins, se constitui em um indício decisivo para a constituição de um substrato de organização formal (formal organization) para considerar que uma empresa ostenta a condição de imputável no Direito Penal empresarial. Portanto, o acento não é posto nem na personalidade jurídica, nem na configuração econômica, mas no sistema social organizativo que subjaze.

*5.5. Formação de um catálogo amplo de sanções*

1. Em termos gerais, é conhecida a existência, por um lado, de propostas teóricas que defendem o estabelecimento unicamente de uma série de "medidas de segurança" contra as empresas. No entanto, por outro lado, também podem ser encontradas posições que defendem a imposição de verdadeiras penas às organizações empresariais. Pois bem, a partir da perspectiva aqui adotada, as duas visões não são irreconciliáveis, uma vez que, de fato, podem se harmonizar. Neste sentido, o mais adequado seria contar com um Direito penal empresarial que contem-

plasse penas – sanções penais – baseadas na culpabilidade da organização empresarial e em medidas de segurança – sanções interditórias – fundamentadas na periculosidade da empresa, e por isso advoga o modelo construtivista de autorresponsabilidade penal empresarial.

2. Portanto, a abordagem conduzida pelo modelo construtivista comporta um catálogo amplo de sanções que vão desde aquelas que se fundamentam na culpabilidade empresarial – penas empresariais – até as que se baseiam na periculosidade das empresas – medidas de segurança empresariais – prevendo igualmente outro tipo de sanções e/ou técnicas de intervenção adequadas à realidade empresarial. Não é demais lembrar que vozes especializadas nestas questões advertiram, corretamente, que uma aproximação adequada e eficaz para a responsabilidade penal empresarial implica necessariamente a existência de um catálogo amplo de sanções que se adapte à complexa realidade do mundo empresarial. Entretanto, se realmente pretendemos que as sanções sejam eficazes e justas, os critérios para guiá-las devem variar em função da finalidade pretendida, questão que, no momento, não parece ter sido abordada com especial ênfase e que, sem dúvida, leva a uma melhor adaptação do Direito Penal empresarial para a sociedade moderna.

3. Neste sentido, somente na medida em que as penas empresariais forem sendo impostas, em virtude de uma verdadeira culpabilidade empresarial, desempenharão sua função comunicadora de restabelecimento comunicativo de acordo com a vigência do ordenamento jurídico e cumprirão sua prestação de promover o exercício da fidelidade ao Direito no âmbito empresarial, no sentido de favorecer uma autorregulação empresarial, conforme o Direito e o correspondente estabelecimento de uma cultura empresarial de cumprimento com o Direito. Portanto, o modelo construtivista de autorresponsabilidade penal empresarial estimula que as empresas cumpram com o

seu papel de cidadãos corporativos fiéis ao Direito e que, em geral, se produza um fortalecimento da vigência das normas da sociedade moderna. Por outro lado, a imposição de sanções interditórias com base na periculosidade empresarial implicaria um prognóstico de futuro mais adequado, permitindo uma supervisão da empresa em situações perigosas nas quais não se faz merecedora de uma pena e passa a ser conveniente que prossiga com sua atividade empresarial normal.

## 5.6. Resumo

Nesta epígrafe, foi posta uma série de benefícios que, do ponto de vista político-criminal, comporta o modelo construtivista de autorresponsabilidade penal empresarial. É evidente que o avanço inexorável das legislações europeias faz com que as questões político-criminais adquiram uma relevância extraordinária, posto que a regulação a introduzir dependerá, em grande medida, dos objetivos que se queiram conseguir. Aqui, concretamente, foi sendo exemplificado, a partir de quatro pressupostos realmente controvertidos, qual pode ser uma opção coerente e eficaz. Expressado de maneira breve, os problemas da irresponsabilidade organizada não podem fazer com que a empresa seja sempre, e em todos os casos, responsabilizada penalmente quando não for possível localizar um empregado autor do delito, e tampouco é possível gerar a responsabilidade da empresa automaticamente, pelo mero fato de que seu empregado tenha cometido um delito em benefício desta. Além disso, as sociedades virtuais devem receber um tratamento diferente ao das sociedades que operam dentro das regras do mercado e do Direito, sendo as sanções necessárias para aquelas diferentes das adequadas para estas, o que demonstra que um Direito penal empresarial justo e eficaz deve contar com um espectro amplo de sanções.

## 6. Conclusão

Ao longo deste artigo, pretendeu-se explicitar os fundamentos de um novo modelo de responsabilidade penal empresarial; concretamente, o do modelo construtivista de autorresponsabilidade penal empresarial. Neste sentido, tratamos de mostrar que os pilares teóricos e os elementos que o conformam comportam importantes vantagens tanto científico-dogmáticas como político-criminais. A argumentação pode parecer, em certos pontos, com razão, sumamente abstrata. Entretanto, esse é o preço que em certa medida há que se pagar para poder assentar uma base sólida sobre a qual construir um edifício que acolha a responsabilidade penal empresarial de uma forma que, sendo respeitosa com os princípios que inspiram o Direito Penal moderno, ofereça, sem dúvida, uma resposta adequada à complexidade empresarial de nossos dias e à realidade social que modela a identidade da sociedade pós-industrial moderna.

# Capítulo II – UMA RESPOSTA ÀS CRÍTICAS APRESENTADAS AO MODELO CONSTRUTIVISTA DE AUTORRESPONSABILIDADE PENAL EMPRESARIAL

## 1. Introdução

1. Após a publicação de diversos trabalhos nos quais são desenvolvidos os fundamentos e consequências do modelo construtivista de autorresponsabilidade penal empresarial, foram publicadas várias contribuições nas quais se inicia um diálogo crítico e construtivo com este modelo. Devido à importância conjuntural da questão acerca do modelo mais idôneo para introduzir nas diversas legislações que na atualidade estão contemplando a possibilidade deste tipo de normas, nas linhas que seguem passam-se a debater as críticas apresentadas, para o qual parece necessária uma breve descrição dos lineamentos gerais tanto do delito empresarial como da pena empresarial. Com isto, não se pretende significar que se trate de uma discussão fechada – nem muito menos – senão única e exclusivamente a importância da mesma e a direção, segundo o autor, que deveria tomar-se.

3. Se bem parece óbvio, uma exposição moderadamente detalhada de uma teoria do delito e da pena vai além do espaço disponível no presente trabalho. Por isso,

espera-se que o leitor possa desculpar a apertada síntese a qual serão submetidos conceitos jurídico-penais tão fundamentais como os aqui tratados com o fim de uma compreensão global da posição adotada e dos marcos básicos aos que respondem. A réplica a diversas críticas que têm sido vertidas tanto nos trabalhos acadêmicos antes referidos como em intervenções em seminários acadêmicos e profissionais tomará como base os lineamentos que são traçados previamente, com o objetivo de tentar sacrificar a exatidão da exposição em prol da clareza.

## 2. Uma teoria do delito empresarial

1. O delito empresarial parte de uma premissa fundamental: determinadas organizações empresariais atingem um nível de complexidade tal que – da mesma forma que acontece com a psique do ser humano – começam a mostrar caracteres próprios de autorreferencialidade, autocondição e autodeterminação. Precisamente a partir daí, é estabelecido o fundamento da competência da pessoa jurídica sobre seu próprio âmbito organizativo. Isto é, o fato de que determinadas pessoas jurídicas atinjam um determinado grau de auto-organização, corresponde que seja legítimo desde o ponto de vista do Direito penal que se responsabilize à empresa pelas consequências que procedem do exercício de sua liberdade auto-organizativa. Em poucas palavras, o primeiro nível de análise da teoria do delito empresarial é a capacidade de auto-organização da pessoa jurídica – funcionalmente equivalente à capacidade de ação da pessoa física.

2. No que se refere à imputação objetiva, não parece que se apresentem, à primeira vista, excessivos problemas, toda vez que tradicionalmente tem-se considerado que as dificuldades no âmbito da responsabilidade penal empresarial vinham dadas pela vertente subjetiva, não

pela objetiva. Em ambos os casos, trata-se de determinar se, em função do uso que a empresa usufruiu de sua capacidade auto-organizativa, esta gerou um determinado risco empresarial que terminou se realizando no concreto resultado lesivo produzido. Brevemente, pode-se indicar que um dado especialmente relevante, na hora de determinar o risco permitido, é que as maiores capacidades empresariais para a gestão do risco permitem conformar um cidadão empresarial médio com uma série de deveres que superam, como muito, as de um indivíduo concreto, principalmente sob o fenômeno autorregulador anteriormente apontado e sob a impossibilidade do estado de questionar determinados riscos modernos.

3. Enquanto a vertente da imputação subjetiva – tradicionalmente a mais problemática – o dolo/imprudência empresarial se materializa na existência de um determinado conhecimento organizativo do risco empresarial. O conceito (topos argumentativo) do conhecimento organizativo (*organizational knowledge*) foi e é amplamente estudado no âmbito da teoria da organização, e podem ser adquiridos do mesmo, importantes perspectivas a respeito do que significa que uma organização empresarial tinha/ deva ter, no momento concreto, um determinado conhecimento organizativo. Em correspondência com a aproximação teórico-sistêmica a este conceito (topos argumentativo), coincidiu-se com Willke, em que "o núcleo do conhecimento coletivo é a observação de que o conteúdo deste conhecimento não está caracterizado pelas partículas de conhecimento individuais que se encontram nas cabeças das pessoas (...), senão pelas relações e os modelos de vinculações entre estes elementos de conhecimento. As vinculações mesmas constituem o conhecimento independente, coletivo ou sistêmico, da organização".

4. Passando diretamente a outro núcleo problemático, a culpabilidade empresarial se relaciona com três elementos fundamentais: a fidelidade ao Direito como condição

para a vigência da norma, o sinalagma básico do Direito Penal e, por último, a capacidade de questionar a vigência da norma. Desde esta perspectiva, a circunstância de que as organizações empresariais possam gerar uma cultura empresarial de fidelidade ou infidelidade ao Direito, que esta cultura empresarial possa questionar gravemente a vigência das normas da ordem jurídica e que esteja sendo reconhecido paulatinamente um mínimo de cidadania à empresa no que respeita à liberdade de expressão – *corporate free speech* – levam a que, na sociedade moderna, a culpabilidade empresarial e a culpabilidade individual se mostrem como funcionalmente equivalentes.

### 3. Uma teoria da pena empresarial

1. A possibilidade de compatibilizar o conceito de pena com a organização empresarial também tem constituído, sem dúvida, uma das maiores dificuldades na hora de institucionalizar a responsabilidade penal empresarial. Neste sentido, não são poucas as vozes que têm se pronunciado sustentando que, por um lado, a empresa em si não tem capacidade de sentir a "dor" da pena; por outro lado, também tem se objetado com certa regularidade, que quando se impõe uma pena à empresa, castiga-se, na realidade, os acionistas ou os membros da empresa. Porém, o fato de que o conceito de pena tenha se afastado cada vez mais da dor física do condenado e de que se tenha constatado que a organização empresarial se conforma como uma entidade/sistema separado de tais acionistas/membros contribui, sem dúvida, a reformular-se o verdadeiro alcance desta objeção.

2. Conforme as linhas explicitadas anteriormente, o modelo construtivista estabelece uma estreita relação entre os conceitos de culpabilidade e pena. Neste sentido, a culpabilidade, tanto no Direito Penal empresarial como no

Direito Penal individual, fundamenta-se em uma determinada concepção da conhecida prevenção geral positiva – concretamente: na retribuição comunicativa. Portanto, de acordo com a teoria da pena com base na retribuição comunicativa, a pena cumpre a função de contribuir – no sentido de aumentar a probabilidade de êxito da comunicação – com o restabelecimento comunicativo da norma, derivando-se como ajuda o reforço da fidelidade ao Direito. Desta forma, a intensa e atual discussão que existe no Direito Penal individual em torno da relação que se estabelece entre culpabilidade e pena se estende igualmente ao Direito penal empresarial, com o seguinte benefício – ao menos conceitual – que supõe poder fazer compatível uma discussão do "núcleo duro" do direito penal moderno com a responsabilidade penal empresarial.

3. A opção de fundamentar a pena empresarial em uma vertente da prevenção geral positiva não é uma novidade. São vários os autores que, de uma ou outra forma, têm acudido a diversas variantes desta teoria da pena para fundamentar suas posições nesta matéria. Neste sentido, o modelo construtivista talvez contribua com uma "atualização" desta opção, apoiando-se nos avanços experimentados pelas ciências da comunicação. No caso da função, a pena, tanto imposta a um indivíduo ou a uma organização empresarial, redefine comunicativamente a vigência da norma e, neste sentido, não se produz diferença alguma entre o campo do Direito Penal individual e o do Direito Penal empresarial. Isto, conforme o anterior, é uma consequência obrigada de conformar um conceito de pessoa jurídico-penal que abranja tanto a indivíduos como a organizações empresariais. No que se refere à prestação, o que mais interessa aqui é como se mostra o reforço da fidelidade ao Direito no âmbito jurídico-penal empresarial.

Da mesma forma que aconteceu com o indivíduo, o simbolismo jurídico-penal associado à pena imposta com base na liberdade de auto-organização da pessoa, estimula a ideia da autorresponsabilidade da pessoa. No caso do Direito Penal empresarial, esta ideia se expressa na estimulação e o reforço da autorresponsabilidade empresarial, reforçando a criação e manutenção de uma cultura empresarial de fidelidade ao Direito.

4. O que foi exposto anteriormente não bate, em absoluto, com a denunciada necessidade de contar com um catálogo amplo de sanções para empresas no marco de um Direito Penal empresarial. Assim, por um lado, o modelo construtivista indica que não todas essas sanções devem ter a consideração de Penas; assim como no Direito Penal individual existe um sistema de – como mínimo – via dupla, também o Direito penal empresarial deve distinguir entre tipos de sanções e estabelecer um sistema de – como mínimo – via dupla. Por outro lado, a concepção construtivista não implica que as penas às empresas sejam idênticas às penas aos indivíduos; só se pretende marcar que, desde o ponto de vista conceitual – ou seja, num plano de reflexão abstrato –, são funcionalmente equivalentes. Por isso, no momento de concretizar qual é o tipo de penas que devem impor-se às empresas, deve-se levar em conta a realidade empresarial no sentido de observar quais são as necessidades que a sociedade moderna apresenta em relação à punição de empresas e qual é o *status* que, hoje, ostentam as organizações empresariais na mesma.

5. Finalmente, não se pode deixar de reconhecer a extraordinária importância da chamada "pena de morte empresarial" (*corporate death penalty*). O desaparecimento da conhecida firma de auditoria e consultoria Arthur Andersen como consequência do procedimento penal que se iniciou contra ele no ano 2002 supôs um importante chamado de atenção diante da importância da condenação pública das empresas e da significativa crítica que a pena – e não outro tipo de sanção de caráter punitivo como, por exemplo, os "danos punitivos" (*punitive damages*) –

comporta na sociedade moderna devido ao devastador impacto da publicidade negativa nas organizações empresariais.

### 4. O modelo construtivista a debate

#### 4.1. Realismo da pessoa física vs. ficção da pessoa jurídica?

1. Na discussão jurídico-penal em torno da responsabilidade penal das pessoas jurídicas aparece, em umas mais oculta que em outras, a crítica de que, em última instância, as únicas pessoas que existem no mundo real são as pessoas físicas, e não as pessoas jurídicas. Com independência de que estas críticas dependem extraordinariamente da apresentação teórica de partida que se adote – sendo relevante trazê-lo à tona aqui que, para numerosas posições teóricas, aos "olhos" do Direito só existem pessoas jurídicas –, o certo é que parece que estas críticas tendem a simplificar excessivamente a problemática que circula a própria existência das pessoas físicas.

2. Assim, fica um tanto complicado afirmar que, por exemplo, os processos de autorreferencialidade no ser humano são evidentes, enquanto na organização empresarial são "fictícios". O que resulta certo é que estes processos têm sido mais estudados até o momento nos primeiros que nos segundos, gerando-se assim pela ciência – principalmente pela ciência neuropsicológica – uma estrutura comunicativa que irrita notavelmente o Direito Penal (individual). É por isso que a paulatina geração desta estrutura no âmbito das ciências sociais – e em especial, da teoria da organização – respeito às organizações empresariais expõe – ou pelo menos deve expor – importantes consequências no Direito Penal (empresarial). Finalmente, a teoria da comunicação, a teoria da organização e a socio-

logia da organização parecem ter dado importantes sinais nas últimas décadas de que existem indícios suficientes de que a comunicação possui a mesma autorreferencialidade que a consciência – premissa fundamental da teoria dos sistemas sociais autopoiéticos.

3. Isto é constatado de maneira especialmente significativa no âmbito da imputação subjetiva. Neste ponto, sustenta-se que falar do dolo como conhecimento da pessoa física é algo evidente; por outro lado, quando se formula a mesma frase a respeito da pessoa jurídica, trata-se de uma ficção. Porém, na verdade, para proceder a realizar a imputação subjetiva a uma pessoa – seja física ou jurídica – o relevante é a existência de certos indícios que permitam atribuir significativamente um determinado conhecimento em um determinado momento. Daqui não significa que num caso esteja sendo tratado com uma atribuição "realista" de conhecimento e em outro "fictícia"/ "normativa", senão que em ambos os casos estamos em presença da imputação de um determinado conhecimento – seja individual, seja organizativo – sobre a base de determinados indícios.

### 4.2. Monismo da teoria de sistemas vs. pluralismo de outras teorias?

1. Em várias das explicações oferecidas até o momento, têm-se referido a escolha da perspectiva que a teoria de sistemas oferece. Isto tem sido interpretado por alguns autores como uma obrigatoriedade de adotar os pontos de partida construtivista para poder fundamentar os resultados alcançados. Desta forma, a correção destes últimos dependeria exclusivamente da conivência com uns pressupostos epistemológicos determinados. Portanto, desterrada a teoria de sistemas como inadequada para o Direito penal elimina-se *ipso facto* a base sobre a qual o modelo construtivista se assenta.

2. Com independência de que a própria teoria de sistemas se alimenta, como não pode ser de outra maneira, das contribuições de muitas outras teorias – e, portanto, irremediavelmente, integra os conhecimentos das mesmas –, o certo é que a vantagem que representa a adoção desta teoria é, fundamentalmente, não contar com uma descrição adequada de um fenômeno concreto – a autorregulação – senão integrar esta concepção em uma explicação completa do fenômeno social. Certamente, são muitas análises teóricas que oferecem contribuições fundamentais a respeito de circunstâncias pontuais, mas parece poder afirmar-se que se os mesmos são integrados em uma explicação coerente da multiplicidade de facetas que a sociedade moderna apresenta, obtém-se um resultado líquido maior.

3. Finalmente, abordando uma das típicas críticas que se faz à teoria de sistemas, o "encapsulamento" ou "isolamento" só pode predicar-se desde um relativo "desconhecimento" dos pressupostos desta teoria. E é que, como tem-se repetido na literatura teórico-sistêmica, o fechamento é a condição da abertura e não implica, de maneira alguma, o isolamento. O problema consiste em determinar a que o sistema está aberto; não se está aberto ou não, visto que a resposta a esta questão é claramente afirmativa. No âmbito próprio da teoria de sistemas, indica-se que o sistema está aberto à energia, mas não à informação; ou seja, o sistema recebe irritações do exterior que não condicionam de maneira determinante a informação que o próprio sistema gera.

### 4.3. Responsabilidade empresarial vs. responsabilidade coletiva

1. No âmbito da responsabilidade penal das pessoas jurídicas, têm-se apresentado numerosas discussões referentes a uma responsabilidade coletiva – respondem os

membros do coletivo – ou de uma responsabilidade empresarial – responde a própria empresa. A primeira se vincula estreitamente com a responsabilidade do grupo, a tribo, o clã ou a família – *sit venia verbo "Sippehaftung"* – e resulta, desde a perspectiva do modelo construtivista, incompatível com os princípios básicos do Direito Penal moderno – questão diferente é sua compatibilidade com outros Direitos Penais pretéritos.

2. É por isso que a depurada argumentação de Nieto Martín possui um importante *handicap*. É que a finalidade última da responsabilidade penal das pessoas jurídicas consiste em reforçar a responsabilidade penal das pessoas físicas. Por meio do castigo ao coletivo de pessoas que conformam a organização empresarial se pretende, em última instância, aumentar a responsabilidade penal das pessoas físicas que, a seu modo de ver, a integram. A autorregulação que pulsa no fundo não é senão a autorregulação das pessoas que integram a pessoa física, a qual se apresenta como especialmente problemática quando, na hora de impor a pena e executá-la, existem pessoas físicas diferentes que estavam quando aconteceram os fatos delitivos.

3. No entanto, o *quid* da questão desde a perspectiva do modelo construtivista não radica em aumentar nem em diminuir a responsabilidade das pessoas físicas. Consiste em constatar a existência de novos sujeitos – Organizações empresariais – no cenário social moderno que desenvolvem comportamentos socialmente lesivos merecedores e necessitados de sanção penal. Isto ocorre independentemente de outros sujeitos – pessoas físicas – participem ou não nos mesmos. Questão diferente é como se relacionam os injustos penais de ambos, mas isso não deve levar uma transferência de responsabilidade em um ou noutro sentido.

## 4.4. Culpabilidade empresarial "de verdade" vs. culpabilidade empresarial "a meias"

1. Outra das questões mais debatidas nos últimos tempos, e em torno a qual não parece visualizar-se uma solução satisfatória, é se falássemos de culpabilidade empresarial, na realidade, estaríamos tratando algo diferente à culpabilidade individual. Ou seja, ao encontrar uma vinculação estreita entre a ideia da culpabilidade e determinadas características do ser humano, considera-se que nunca poderá existir uma verdadeira culpabilidade na pessoa jurídica, senão que, em síntese, poderemos falar de culpabilidade empresarial que reflete pouco mais que um eufemismo. Mesmo assim, e nesta linha de argumentação, refere-se a que, na realidade, não se pode realizar uma crítica ético-social similar ao que se faz a seres humanos.

2. Diante deste tipo de pareceres, não é de se estranhar a aparente univocidade a respeito do próprio conceito de culpabilidade, na qual se apoia. Neste sentido, acaba sendo difícil excluir *a priori* a possibilidade de uma culpabilidade empresarial apelando a um tipo de consenso a respeito da culpabilidade individual já que, como bem se sabe, este nem se produziu, nem tem perspectivas de produzir-se no futuro próximo. A possibilidade de afirmar a existência de uma culpabilidade empresarial tem, necessariamente, que ir vinculada a um conceito determinado de culpabilidade, e não se pode descartar, sem mais, da mão do apriorismo baseado em consensos inexistentes.

3. Também neste âmbito da culpabilidade empresarial parece um tanto estranho que este conceito se submeta a exigências às quais não são submetidas ao conceito de culpabilidade individual. Não são infrequentes as argumentações que apelam à "indemonstrabilidade" da culpabilidade empresarial diante da aparente "demonstrabilidade" da culpabilidade individual. Independente ao mencionado anteriormente a respeito da necessidade de

referir a discussão a conceitos concretos de culpabilidade, realmente não se enxerga como se pode sustentar a "evidência" da culpabilidade individual diante da "artificialidade" da culpabilidade empresarial – a menos que todo raciocínio penal se fundamente em uma analogia *entis* de tal forma que não se possa atribuir responsabilidade penal a quem fisicamente não se pareça a um ser humano.

4. Portanto, o importante é deixar de lado preconceitos antropocêntricos e observar quais são as condições mínimas para que um sistema jurídico-penal atribua responsabilidade sobre a base da culpabilidade. E se essas condições são próprias da organização empresarial, então não existem motivos teóricos nem práticos para evitar utilizar, com todas suas consequências, o conceito de culpabilidade empresarial. Além disso, não se podem compartilhar aquelas concepções que pretendem empregar este conceito, mas, posteriormente, nem derivar todas as consequências que lhe são inerentes – Direito Penal de fato, culpabilidade *vs.* periculosidade, penas *vs.* medidas de segurança etc. –, nem admitir sua equivalência com o conceito de culpabilidade individual.

### 4.5. Cidadania empresarial vs. cidadania individual

1. Não muito longe do que acabamos de mencionar, encontra-se uma das questões mais debatidas do conceito construtivista de culpabilidade empresarial: a que se refere à cidadania empresarial. Neste sentido, têm aparecido críticas especialmente a respeito da designação de direitos fundamentais às pessoas jurídicas e estes, em última instância, não são suficientes já que o Direito penal mexe com conceitos máximos de cidadania, e não com o mínimo de cidadania ao qual o conceito construtivista faz referência. Além disso, este último se fundamenta em leituras de outros ordenamentos jurídicos que não se podem incorporar, por exemplo, ao espanhol.

2. Então, diante das mesmas, deve marcar-se que, em primeiro lugar, dificilmente possa afirmar-se que, em termos gerais, a culpabilidade está vinculada com um *status* de cidadania máxima. Neste sentido, o recurso que certos autores efetuam ao direito de voto acaba sendo especialmente problemático, visto que isto implicaria excluir o Direito Penal de todos os estrangeiros, residentes ou não, que não fossem titulares deste direito. O que seria fundamental, desde a perspectiva aqui defendida, é a vertente expressiva do direito de voto, no sentido de que só aquela pessoa que teve a oportunidade de participar na conformação das normas pode ser sancionada penalmente de maneira legítima pelas mesmas. O conhecido paradigma da autolegislação.

3. Como consequência deste enfoque, o direito fundamental principal na hora de estabelecer a culpabilidade empresarial é o direito à liberdade de expressão. A este respeito devem significar-se aqueles que os próprios constitucionalistas assinalam a respeito dos direitos fundamentais das pessoas jurídicas na Espanha; e é simplesmente, que não se conta com uma doutrina jurisprudencial e acadêmica consolidada ao respeito. Portanto, não parece inadequado tentar realizar contribuições ao debate espanhol junto à discussão que está tendo lugar em um país como os Estados Unidos em torno ao conceito da liberdade de expressão empresarial (*corporate free speech*).

4. No debate norte-americano, o que é relevante a estes efeitos não é tanto o reconhecimento em si, senão o conteúdo e significado desta liberdade. Neste sentido, parecem especialmente relevantes as considerações de Lawrence Friedman, que traz à tona a sentença da Corte Suprema norte-americana First National Bank of Boston *vs*. Belloti. Assim, em relação com o reconhecimento da liberdade de expressão das corporações, esta Corte declarou expressamente que se tratava da "expressão ou discurso que resulta indispensável para a toma de decisões

na democracia, e isto não é menos certo pelo fato de que a expressão provenha de uma corporação em lugar de um indivíduo". Desta forma, vem se entendendo que, se bem uma corporação como tal não pode votar, reconhece-lhe o direito a participar no que realmente conta em democracia: o debate entre os cidadãos. Portanto, reconhece-lhes às corporações como aos indivíduos, o direito a participar no processo de criação e definição das normas sociais. Este processo não vem marcado pelo direito de voto senão principalmente pela liberdade de expressar conceitos no discurso público sobre as normas sociais, contribuindo assim à conformação das mesmas.

5. Isto, em princípio, não tem por que resultar incompatível com o ordenamento jurídico espanhol. Sendo assim, o Tribunal Constitucional declara, com caráter geral, "o pleno reconhecimento constitucional do fenômeno associativo e da articulação de entidades coletivas dotadas de personalidade, o que exige assumir uma interpretação ampla das expressões com as quais, em cada caso, denomina-se ao titular dos direitos constitucionalmente reconhecidos e legalmente desenvolvidos. Por conseguinte, o termo 'cidadãos' (...) deve interpretar-se, pelas razões apontadas, em um sentido que permita a subsunção das pessoas jurídicas". Além disso: reconhece-se que as pessoas jurídicas têm direito à honra – por isso, de novo, decai o argumento da impossibilidade de crítica –, explicitando que para o caso das pessoas jurídicas é "correto, do ponto de vista constitucional, empregar os termos de dignidade, prestígio e autoridade moral, que são valores que merecem a proteção penal concedida pelo legislador (!)".

### 4.6. Direito penal empresarial de autor vs. Direito penal empresarial do fato

1. Outra crítica que resulta habitual é a referente à necessidade de considerar que a culpabilidade empresarial

é sempre, como muito, uma culpabilidade pela condução de vida, e nunca uma culpabilidade pelo fato. Daí que o Direito penal empresarial seja *per definitionem* um Direito Penal do autor, e não um direito penal do fato. Por isso, inclusive os partidários dos modelos autorreguladores no direito penal empresarial reconhecem que se trata de um Direito Penal do autor, porém resulta constitucionalmente legítimo devido às menores exigências que se apresentam diante das pessoas jurídicas.

2. O fundamento último do argumento reside em como conceitualizar o delito da pessoa física em relação com a pessoa jurídica. Sendo assim, assinala-se que este delito acaba sendo concebido como uma condição objetiva de punibilidade e que a mesma projeta como resultado que a pessoa jurídica, na verdade, está sendo sancionada não pelo que ela fez, senão pelo que a pessoa física fez por ela. Admite-se então que a responsabilidade da pessoa jurídica deriva fundamentalmente de como tem se organizado no decorrer do tempo e que isto constitui, certamente, um Direito Penal do autor, e não do fato.

3. No entanto, este tipo de argumento não acaba sendo convincente. O principal motivo disso é que, de novo, pretende-se observar na pessoa física umas qualidades do fato que terminam sendo excessivamente naturistas. Neste sentido, toma-se como referência o "imediatismo" de determinados delitos cometidos por pessoas físicas – um clássico homicídio entre pessoas físicas – e, evidentemente, apela-se à impossibilidade de que exista uma "mão" da pessoa jurídica que "segure" a faca que tira a vida de uma pessoa física. Porém, isto constitui uma visão extremadamente oblíqua da realidade jurídico-penal e, de fato, isto levaria à exclusão de uma infinidade de supostos do Direito Penal individual.

4. Um entendimento normativo do conceito de fato penal produz um resultado bem diferente, e não por isso estamos em presença de uma culpabilidade pelo caráter

ou pela condução de vida. O fato – para respeitar a culpabilidade pelo fato – consiste na configuração de um âmbito de organização próprio – sempre, claro está, respeitando os limites da tentativa e da consumação –, e daí que a liberdade desde este enfoque teórico não se entenda como uma liberdade de escolha, liberdade de decisão em um momento concreto, senão liberdade de (auto)organização, liberdade de autoadministrar-se. Portanto, o fato, tanto no Direito Penal individual como no Direito Penal empresarial, define-se como a configuração de um âmbito organizativo determinado, e esta configuração se produz, no caso da organização empresarial, devido a sua capacidade de auto-organização que fundamenta precisamente sua competência organizativa.

*4.7. Um Direito Penal empresarial de duas vias vs. um Direito Penal individual de três vias*

1. Hoje em dia, e principalmente a raiz da obra de Nieto Martín, foi apresentada a inadequação do Direito Penal empresarial de duas vias, que propõe o modelo construtivista e se propôs, em seu lugar, um Direito Penal individual de três vias onde juntamente com as clássicas vias da pena e a medida de segurança individual aparece a sanção de caráter penal à empresa cuja missão foi reforçar a responsabilidade penal individual e cuja orientação fundamentalmente a futuro, sem necessidade de distinguir se o fundamento de imposição da sanção tem como base a culpabilidade antecedente ou a periculosidade futura visto que, em última instância, como já se advertiu, a culpabilidade empresarial não se corresponde com os fundamentos da culpabilidade individual.

2. Do ponto de vista teórico – o prático será analisado mais adiante – esta proposta não parece ser coerente. E isto porque, mesmo que seja válido, e desta forma deve reconhecer-se, desde a perspectiva do próprio Nieto Martín,

o certo é que resulta dificilmente compatível com os parâmetros do Direito Penal moderno. De fato, se pretendemos que o Direito penal siga mantendo sua força expressiva – razão fundamental para advogar pela responsabilidade penal, e não meramente sancionadora, da pessoa jurídica – resulta muito complicado sustentar que está se tratando de culpabilidade empresarial para a prevenção de futuros delitos.

## 5. O debate legislativo sobre a responsabilidade penal empresarial: na busca da eficácia e da justiça

### 5.1. Introdução

1. Tradicionalmente, na Espanha, a ideia da responsabilidade das pessoas jurídicas, em geral, tem se vinculado à ação das pessoas físicas. A responsabilidade penal das pessoas jurídicas não podia ser uma exceção e, por isso, não pode se estranhar que a regulação existente a respeito tanto no artigo 129 CP como no 31.2 CP tenham como base os modelos de heterorresponsabilidade, ou expressado de outra forma, de responsabilidade pelo fato alheio. Talvez o que acaba sendo mais surpreendente seja que a doutrina tradicional na Espanha tenha proposto até recentemente modelos de heterorresponsabilidade com base na ação de determinadas pessoas físicas e na transferência de culpabilidade da pessoa física à pessoa jurídica.

2. Os desenvolvimentos conceituais e legislativos dos últimos anos no âmbito internacional, porém, aconselham a proceder de maneira diferente. A necessidade de levar em conta o fenômeno da autorregulação no âmbito da proposta sobre a responsabilidade penal das pessoas jurídicas resulta urgente, visto que, no caso contrário, não só está se desperdiçando uma oportunidade extraordi-

nária de tentar compaginar ao máximo responsabilidade individual com responsabilidade empresarial, senão que político-criminalmente são concretizadas propostas que possuem importantes *deficits*. Por isso, à continuação, será apresentada uma série de reflexões a respeito das diversas necessidades que existem para introduzir a autorregulação nas referidas propostas legislativas, advogando, especificamente, a perspectiva construtivista.

### 5.2. A necessidade de um modelo de autorresponsabilidade penal empresarial

1. Historicamente, quando foi exposta a introdução da responsabilidade penal das pessoas jurídicas, a maior parte dos ordenamentos jurídicos tomou como base a heterorreponsabilidade. Com outras palavras, estabeleceram-se modelos nos quais determinados delitos cometidos por determinados membros de uma pessoa jurídica eram imputados a esta sem maiores discussões. Isto não é de estranhar, visto a dificuldade que supunha construir uma teoria jurídica do delito para pessoas jurídicas e a necessidade urgente de dar uma resposta contundente diante de certos acontecimentos que abalaram a realidade social do momento. Argumentos que resultavam certamente atrativos ao bom-senso eram que, por exemplo, em outras ramificações do ordenamento, as pessoas jurídicas concluíam contratos válidos e que quando estes contratos eram fraudulentos o delito devia imputar-se a estas.

2. No entanto, estes primeiros modelos de responsabilidade penal empresarial eram corrigidos cedo pela jurisprudência, pela doutrina e, finalmente, pela legislação. Realmente, não resultava conforme à justiça que qualquer ação de um empregado de uma empresa – mesmo no marco de suas competências e com a intenção de beneficiá-la – quando esta tivesse levado a cabo uma ação de cumprir com o Direito, não resultaria político-criminalmente

adequado que dependesse da pessoa física a punição da pessoa jurídica pelos evidentes problemas de imputação a pessoas físicas que se possam apresentar em estruturas empresariais complexas.

3. Por isso, os modelos de autorresponsabilidade penal empresarial enfrentam ambos *deficits* dos enfoques tradicionais sendo mais justos – a empresa só será responsável daquilo que realmente lhe for criticado – e político--criminalmente mais adequado – toda vez que a punição da empresa não dependa da punição da pessoa jurídica -.

Não é em vão que as propostas legislativas contemporâneas, principalmente as dos países anglo-saxões, incorporam importantes parcelas de autorresponsabilidade na hora de delimitar os fatos e as circunstâncias, por tal motivo as organizações empresariais devem ser consideradas penalmente responsáveis. Ignorar estes avanços nos últimos tempos e instaurar modelos de heterorresponsabilidade penal empresarial – como os que têm sido realizados até o momento na Espanha – dificilmente possa ver-se como outra coisa que não seja um importante atraso visto que não passará muito tempo até que a Jurisprudência – a doutrina já está considerando isto – se veja obrigada a introduzir parcelas de autorresponsabilidade na resolução dos casos que forem apresentados.

*5.3. A necessidade de estabelecer um duplo fundamento de responsabilidade penal empresarial*

1. A introdução do fenômeno da autorregulação no seio da responsabilidade penal das pessoas jurídicas significa um avanço sumamente importante, mas não supõe que as propostas que se derivarem do mesmo sejam idênticas. *Ad exemplum* se pode fazer referência à circunstância de que autores, em princípio, tão distantes na nomenclatura da responsabilidade de introduzir, por exemplo, como Nieto Martín e Feijoo Sánchez, têm como base, ambos,

grande parte de seu raciocínio na autorregulação. Isto se aplica, inclusive, a quem, como Nieto Martín e Gómez--Jara Díez, advoga por uma responsabilidade penal das pessoas jurídicas.

2. Isto se traduz, por exemplo, na proposta de Nieto Martín, em não distinguir entre culpabilidade empresarial e periculosidade empresarial. Pois bem, a necessidade deste duplo fundamento – culpabilidade para as penas às organizações empresariais e periculosidade para as medidas de segurança aos mesmos sujeitos organizativos –, traz consequências, de novo, de considerações de eficácia e justiça. Realmente, resulta sumamente benéfico distinguir entre aproximações retrospectivas e prospectivas – independente de que em cada uma delas encontra-se implantado algum elemento da contrária – visto que se possibilita uma valorização mais adequada tanto do tipo de sanção como do *quantum* da mesma a impor. Por exemplo: se o resultado lesivo acontecido for consequência de uma deficitária organização empresarial em um momento dado do passado onde ocorria uma cultura empresarial de infidelidade ao Direito, mas que já não ocorre, não parece ter sentido a imposição de determinados programas de cumprimento a futuro – visto que já conta com os mesmos –, mas não deixá-la sem sanção alguma pelo que aconteceu no passado.

3. Certamente, resultados similares podem alcançar--se somando a não distinção entre tipos de sanção e estabelecer um catálogo amplo de sanções; mas o fundamento na culpabilidade empresarial ou a periculosidade empresarial ajuda a determinar qual é o tipo de reação estatal que resulta mais adequada diante da organização empresarial. Voltando ao exemplo anterior, não seria justo impor determinados programas de cumprimento quando a empresa já conta com os adequados, mas não seria eficaz deixar sem sanção o acontecimento socialmente lesivo do passado. Avaliar se a empresa é perigosa sumariamente,

ou se a empresa manifestou em um momento determinado uma culpabilidade evidente resulta – da mesma forma que com o indivíduo – mais adequado. Ou expressado de outra forma: por que distinguir entre ambas no Direito Penal individual, e não no Direito Penal empresarial?

### 5.4. A necessidade de distinguir entre autoria e participação empresarial

1. A estreita vinculação que tradicionalmente tem existido entre o delito cometido pela pessoa física e o nascimento da responsabilidade para a pessoa jurídica tem dificultado extraordinariamente diferenciar entre o que pertence a um sujeito de imputação e a outro. Em sua máxima expressão, considerar que o delito da pessoa física constitui uma "condição objetiva de punibilidade" da pessoa jurídicas – como foi mencionado anteriormente – parece levar incorporada a impossibilidade de diferenciar entre autoria e participação empresarial.

2. Contudo, isso expõe sérios problemas de eficácia e justiça. Realmente, desta maneira se torna necessário constatar a comissão de um delito concreto por parte de uma pessoa física que, em determinadas circunstâncias, resulta impossível, o qual implica uma dependência, em última instância, da responsabilidade empresarial a respeito da responsabilidade individual. E esta consequência não quer ser assumida, sob nenhum pretexto, por praticamente todos os partidários da responsabilidade penal empresarial. De fato, as legislações mais modernas na matéria estabelecem claramente a independência de um tipo de responsabilidade diante do outro.

3. É por isso que resulta sumamente útil distinguir entre autoria e participação empresarial. Não parece ser o mesmo que uma determinada organização empresarial tenha realizado uma contribuição mínima – através de uma configuração laxa de sua estrutura organizativa – a partir

da qual a pessoa física tem executado uma ação delitiva fundamental de cara à realização de resultado, que uma conformação determinante por parte da organização empresarial na qual a pessoa física realiza uma contribuição sumamente reduzida – a abertura de uma comporta de liberação de resíduos tóxicos – ao resultado final.

### 5.5. A necessidade de distinguir entre dolo e imprudência empresarial

1. Seguindo uma linha similar do que já foi apresentado, a atribuição do dolo ou a imprudência da pessoa física à pessoa jurídica, como recurso fácil para estabelecer a imputação subjetiva da pessoa jurídica, tem levado a sérias dificuldades para diferenciar ulteriormente entre a imputação subjetiva da própria empresa e o referido à pessoa física. Se a isso somamos a dificuldade de explicar em que consiste o dolo ou imprudência da própria pessoa jurídica, então não é estranho que este tipo de distinções tenham acontecido, até os dias de hoje, totalmente desapercebidas tanto para a dogmática como para o legislador.

2. No entanto, o nascimento do conceito (*topos* argumentativo) do "conhecimento organizativo", como conhecimento da organização empresarial desvinculado do "conhecimento individual", por um lado, e a paulatina normativização que tem se realizado na dogmática moderna da imputação subjetiva em Direito Penal, abriram novas possibilidades de observação. A definição do dolo empresarial como conhecimento organizativo da realização de um determinado resultado lesivo e a imprudência como o dever possuir este conhecimento, permitem começar a diferenciar entre o próprio das organizações e o próprio dos indivíduos.

3. Sendo assim, por exemplo, o fato de que uma organização empresarial possua um determinado conhecimento organizativo a respeito das consequências de introduzir

determinadas composições químicas nos compostos alimentares que distribui e a carência desse conhecimento – mas o dever de possuí-lo devido ao que considera uma empresa prudente no setor alimentar – implicam uma clara diferenciação. Daí que, no caso de poder atribuir-lhe esse conhecimento, a sanção que mereça a distribuição dos alimentos seja maior que se não o possuísse, mas o tivesse possuído.

### 5.6. A necessidade de causas de exclusão da culpabilidade empresarial

1. Nada novo é descoberto se afirmarmos que as organizações empresariais são, ab *initio*, "temerosas" do estabelecimento da responsabilidade penal das pessoas jurídicas. Neste sentido, o importante conteúdo simbólico-comunicativo do Direito Penal comporta o temor a que comece a ver-se afetada notavelmente algo que as empresas dão valor primordial – máxime na sociedade globalizada contemporânea -: a reputação empresarial. Se a isto acrescentamos o fato de que a inexistência, até agora, de um sistema de garantias claras e precisas para a imposição e penas às empresas, certamente resulta compreensível a intraquilidade que a questão desperta no setor empresarial.

2. Contudo, é precisamente aqui onde resulta fundamental advertir que se trata de uma verdadeira responsabilidade e que, portanto, a imposição das penas se vê submetida à necessidade de constatar a existência de uma culpabilidade empresarial, de tal maneira que se esta não é objeto de prova no processo penal – com as garantias que a tal efeito devem estabelecer-se –, a responsabilidade não deve cair na organização empresarial. Mesmo que um empregado/diretor/membro do conselho de administração tenha cometido um delito. A instauração de um sistema de autorresponsabilidade penal empresarial compreende

que não possa nem sequer visualizar os vestígios de uma responsabilidade objetiva – como ocorre, apesar de certas tentativas doutrinais e jurisprudenciais – no âmbito do Direito Administrativo sancionador.

3. Então, se realmente se pretende sustentar que as organizações empresariais têm uma capacidade de culpabilidade, deve afirmar-se exatamente na mesma medida que devem existir causas de exclusão desta culpabilidade. Neste sentido, resulta imprescindível um mínimo de coerência e de justiça; pelo menos se quisermos estabelecer um sistema de responsabilidade penal empresarial. Conforme ao enfoque que foi apresentado, a culpabilidade empresarial consiste em um *deficit* de fidelidade ao Direito o qual se manifesta em uma cultura empresarial de não cumprimento com o Direito. Desde esta posição, um dos modelos especialmente idôneo de introdução de causas de exclusão da culpabilidade empresarial é o norte-americano, o qual possui como base os denominados programas de cumprimentos corporativos – *Corporate Compliance Programs* – cujos detalhes, por motivos de espaço, não se podem desenvolver aqui. Basta no momento lembrar que o sistema mais detalhado que existe até a presente data a este respeito – o sistema norte-americano – considera que estes programas constituem um reflexo da cultura empresarial da pessoa jurídica e, portanto, servem para determinar o índice de culpabilidade especificamente empresarial.

***Impressão:***
Evangraf
Rua Waldomiro Schapke, 77 - POA/RS
Fone: (51) 3336.2466 - (51) 3336.0422
E-mail: evangraf.adm@terra.com.br